Joël Pralong

Illustrations
Sylvie Nigg

Ado, mais pas idiot

9e édition
15e mille

EdB

Ouvrages du même auteur :

- *De la faiblesse à la force, Paul de Tarse et Thérèse de Lisieux, un chant d'amour à deux voix*, 2008.*
- *Apprivoiser son caractère, Tu n'es pas responsable de la tête que tu as mais de la tête que tu fais*, 2009.
- *Angoisse, dépression, culpabilité, Un chemin d'espérance avec Thérèse de l'Enfant-Jésus*, 2010.*
- *Combattre ses pensées négatives*, 2011.*
- *Le vertige du suicide, Lettre aux proches désemparés, 2012.**
- *Pour en finir avec la culpabilité*, 2013.*
- *Vaincre ses peurs et oser l'avenir*, 2014.*
- *Guérir de la blessure du père*, 2015.*
- *Les larmes de l'innocence*, 2015.*
- *Être amoureux c'est cool, aimer ça déchire*, 2016.
- *La prière dans tous ses états*, 2017.
- *Le courage d'être soi-même*, 2018.*
- *Aimer sa famille comme elle est*, 2019.*
- *Apprivoiser son corps, lui rendre son âme*, 2019.*
- *Trouver un sens à ses échecs avec la logothérapie et la petite voie thérésienne*, 2020.
- *Ados, vous les préférés du Bon Dieu !*, 2021.
- *Apprendre à s'accepter soi-même avec sainte Marie-Madeleine*, 2022.*
- *Bien dans ses baskets*, 2023.*
- *9 jours pour évangéliser sa culpabilité*, 2023.*
- *9 jours pour chasser la peur de la fin du monde*, 2023.

* Disponible en version numérique sur le site www.editions-beatitudes.com

Eh ! Salut à toi, jeune fille, jeune garçon, ado… !

salut

ado

Le livre que tu tiens entre tes mains est certainement pour toi, surtout si tu te poses un tas de questions sur qui tu es, sur ton devenir, ta vie, tes réussites, tes projets, tes rêves… À ton âge, c'est tellement important d'avoir des rêves, de se projeter en avant, d'imaginer ce que tu seras plus tard, d'aimer la vie et de l'habiter le mieux possible aujourd'hui.

Tu te demandes aussi pourquoi le monde est comme il est, entaché de violence, de misère, de contradictions. Tu ne peux admettre un Dieu bon qui planerait sur tout ça, ou, du moins, tu remets bien des certitudes en question.

Parfois, toi aussi tu rames, tu as peur, tu doutes de toi-même, tu as tellement besoin qu'on t'aime et, surtout, qu'on te le dise ! Adolescent fragile comme une rose, tu t'inquiètes : « Vais-je réussir ma vie sentimentale ? Rencontrerai-je la bonne personne ? Où trouver la force d'avancer, de croire en soi, de faire confiance à l'autre ? »

Ah ! J'oubliais… Faut que je me présente. T'as vu le nom de l'auteur en haut du bouquin. Je m'appelle le « Père Joël », rien à voir avec le « Père Noël » qui, lui, s'il existe, donne toutes les réponses : du tout cuit d'avance ! Tandis que moi, le « Père Joël », j'aime réfléchir avec les jeunes, les aider à trouver leurs propres réponses, à tracer leur propre chemin. C'est pourquoi ce livre s'articule autour de « dialogues » vrais et vécus avec les jeunes. Les thèmes abordés rassemblent les questions essentielles que vous vous posez, vous, les ados.

Alors, le mieux, tu regardes la liste des sujets, t'en choisis un et tu pioches dedans, ou, possible aussi, tu lis tout d'un trait. Comme tu veux.

affronte

Merci pour ce que tu es. Tu sais, nous, les adultes, on a besoin de toi, de tes questions déroutantes, pour nous remettre sur les rails de la vie et nous forcer à chercher de nouvelles réponses, à affronter de nouveaux défis, sinon, on reste campé sur des acquis qui finissent par rouiller, du genre : « Tu sais, de notre temps... bla-bla-bla ! » Tu nous rappelles que, nous aussi, on a été des ados !

Bon, allez, je te laisse. Ciao !

chemin

Joël

P.-S.

Laisse-moi juste de présenter **Sylvie Nigg,** *une artiste qui aime dessiner et qui fabrique aussi des vitraux. C'est elle qui a fait les dessins : un super coup de crayon, pas vrai ?*

questions

adolescence

MOI, ma famille et encore MOI

humeur

émotions

AÏE ! DOUCEMENT PAS TROP VITE !
AÏE ! ÇA CASSE, ÇA FAIT MAL !
LAISSEZ-MOI DEVENIR UNE ADULTE !
ARRÊTEZ DE DIRE "AÏE" ! ÇA ME FAIT MAL !

1. L'adolescence : ça craque de partout !

(Karine, 15 ans)

– Je suis souvent en conflit avec mes parents. On ne se supporte plus ! On n'arrive plus à se parler sans que ça « ***éclate*** *». Ils ne sont jamais d'accord avec mes idées. Alors, je ne dis plus rien, et je me planque devant mon ordi.*

– Je te plains d'avoir de si méchants parents !

– Oh, doucement, je n'ai pas dit ça ! Ce sont quand même mes parents !

– Ah bon ? Parce que tu les aimes, tes parents ?

– Bien sûr, et faut pas qu'on y touche !

– Et eux, penses-tu qu'ils t'aiment ?

– Ben... oui ! Mais j'aimerais qu'ils me le montrent un peu plus. En fait, je ne comprends rien à ce qui m'arrive...

– Eh ben, t'es comme tous les ados qui ressemblent aux poussins pris dans une coquille. Tu pousses sur les parois de ta coquille pour essayer de découvrir qui tu es, en te démenant pour t'échapper, mais, comme ce petit oiseau, tu n'es pas vraiment prête à **survivre** par toi-même. L'adolescent n'est plus tout à fait un enfant et pas tout à fait un adulte. Tu cherches ton identité, mais tu as besoin de tes parents...

– Cool, l'histoire de la coquille et du poussin...

– Bien sûr, l'enfant est en sécurité dans le cocon familial. Jusque-là, tes parents pensaient pour toi, et maintenant, c'est à toi de réfléchir, d'écouter ton cœur. Lorsque le cocon se brise, tu es confrontée aux intempéries de la vie, tu te sens seule, tu as froid. À toi maintenant de **chercher** comment **affronter** la vie...

– *Les parents, ils comprennent ça ?*

– Pas facilement, au départ. Eux aussi doivent s'adapter à tes changements, apprendre leur nouveau rôle de parents. Ils ne savent pas toujours comment se comporter avec toi, ils craignent tes réactions, ils sont sur la défensive, tout comme toi ! Comprends-les ! Donne-leur le temps de faire le deuil de l'enfant que tu étais, il n'y a pas si longtemps. Il leur faut du temps pour comprendre que tu n'es pas leur « copie » conforme, et abandonner les rêves qu'ils avaient sur toi.

– *Ouais, je ne suis pas facile avec eux ! Mais comment faire alors ?*

– **Pars du positif,** va chercher au fond de toi l'amour que tu ressens pour eux, et sois sûre du leur. À partir de là, invente des gestes qui calment les émotions et renouent le dialogue après une tempête : un sourire, un mot gentil, un service... Pas besoin de grandes explications. Tes parents, souvent désemparés et à vif, guettent chez toi le moindre signe, pour renouer et discuter paisiblement.

– *Alors, je devrais aussi abandonner mes idées et céder aux leurs ?*

– Pas si vite... Attends le bon moment pour exposer ton point de vue. Sache encore que tu ne peux **défendre** tes idées que si tu en es toi-même convaincue, avec de bons **arguments**. Et ensuite, fais confiance à leur expérience de parents et d'adultes, écoute ce qu'ils te disent. Souviens-toi du poussin encore inexpérimenté...

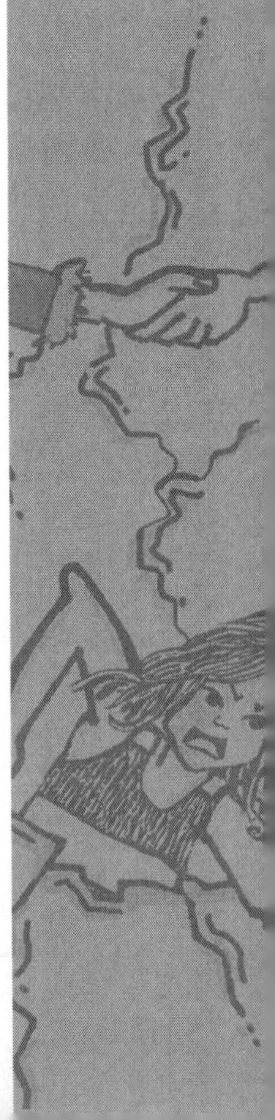

2.

J'ai besoin de limites !

(Kevin, 16 ans)

– Mes copains se plaignent continuellement de leurs parents à cause des règles qu'ils leur imposent. Ah ! (profond soupir), s'ils savaient la chance qu'ils ont d'avoir des parents qui interdisent…

– Pourquoi dis-tu cela, Kevin ?

– Parce que je déborde tout le temps, je n'arrive pas à ***maîtriser mes violences.*** *Dernièrement, j'ai mis le feu aux poubelles de mon quartier et la police est venue à la maison. La honte ! Je voulais juste montrer à mes parents que j'existais.*

– Si je comprends bien, exister, pour toi, c'est allumer des incendies ?

– Oui… Euh… Enfin, non. C'est pour qu'ils s'occupent de moi.

– En te punissant ? En te mettant des **règles strictes** ?

règles

TU PARS DÉJÀ ?
Y SONT NULS TES VIEUX !
FOUS-TOI D'EUX,
RESTE ENCORE... !
ILS M'ONT DIT :
"PAS PLUS TARD QUE MINUIT !"
NON ! Y SONT PAS NULS MES PARENTS, ILS M'AIMENT !

besoin
être aimé

– *Ben… au moins ils me protégeraient de mes débordements.*

– T'as besoin d'une autorité stricte, quoi !

– *Mais bon sang ! J'ai* ***besoin qu'on m'aime****, rien de plus. Ils n'ont jamais de temps pour moi, ils bossent comme des cons du matin au soir. Ils me disent : « Kevin, tu es grand, on te fait confiance, reste clean, sois responsable de toi-même, et bla-bla et bla-bla… » En me laissant tout faire, j'ai l'impression qu'ils ne s'intéressent pas à moi, qu'ils ne s'inquiètent pas pour moi, qu'ils m'aiment à distance, quoi !*

– J'ai bien saisi, Kevin. Tu me fais penser à l'eau pure, tumultueuse et merveilleuse d'une rivière, mais qui fait souvent craquer ses digues, provoquant des inondations sur son passage. Toi, tu as besoin de **digues solides**, que seul l'amour peut te donner. C'est ce qu'on appelle : l'AUTORITÉ, cette force inspirée par l'amour des parents, qui canalise tes énergies, te protège, te donne confiance en toi-même et en tes capacités de bien faire. Beaucoup de parents hésitent à mettre des règles à leurs enfants de crainte de perdre leur estime ou de bloquer leur développement. Et pourtant, c'est tout le contraire que les jeunes attendent. N'est-ce pas cela que tu voulais me dire, Kevin ?

– *Bien sûr ! Je ne peux pas, en même temps, me débattre dans mes eaux tumultueuses et bâtir des digues… C'est trop pour moi ! J'ai besoin qu'on m'aide !*

autorité

– Message entendu, Kevin !

Mais enfin, ma puce, c'est pour ton bien que je...
MAMAN TU ME SAOULES ! ET JE NE SUIS PAS TA PUCE !

3.

Je sais ce que j'ai à faire !

(Sylvie, 14 ans)

désirs

– Oui, ça m'énerve ! Ma mère contrôle tout, toujours le nez dans mes affaires : « As-tu fait tes devoirs, rangé ta chambre, fait ce que je t'ai demandé ? J'aimerais savoir comment s'est passé l'examen, etc. » Et toujours la même rengaine : « Mais c'est pour ton bien que... » Je suis grande, maintenant, j'aimerais qu'on me lâche les baskets, qu'on me fasse confiance !

– Dis-moi, Sylvie, es-tu « grande » ou aimerais-tu le devenir ? Te sens-tu déjà proche des adultes ?

– Ah ! Non merci. Je n'ai pas envie de ressembler aux adultes. Ils ne comprennent pas grand-chose aux ados. Ils ont toujours raison, et nous, tort.

– N'est-ce pas contradictoire ?

– Le mot « ***adulte*** *», ça m'****angoisse****. Moi, j'aimerais être libre et autonome, mais pas encore adulte. C'est trop cool d'être jeune !*

– En fait, tu es tiraillée entre le désir d'être grande et la peur de le devenir, tu hésites, tu te retrouves entre la sécurité de l'enfant dans le cocon familial et la peur de cet inconnu qu'on appelle « l'âge adulte ».

– C'est tout à fait ça !

– Tu me fais penser à la chenille qui rêve d'être papillon, et le plus rapidement possible ! Tout, tout de suite... Mais la pauvre doit encore subir une métamorphose angoissante : mourir à sa condition de chenille pour voler, un jour, de ses propres ailes.

peur

Pour toi, cette transformation ne s'opère pas en deux, trois ans. Il faut bien plus de temps. Imagine, si tes parents te larguaient dans la nature en disant : « Fais ce que tu veux ! »

– *Non, mais là, vous exagérez ! Je me casserais les dents...*

– Eh bien, justement, il faut un temps d'**apprentissage**, autant pour toi que pour tes parents. Toi, tu as besoin de leur **sécurité** et eux ont besoin de comprendre ce que tu vis et comment te faire confiance, petit à petit...

– *... Et surtout que je ne leur rends pas la vie facile avec mes humeurs entre le rose et le noir, la gentillesse et l'opposition, parfois violente.*

– Ben, ils font avec... C'est aussi ta manière de t'affirmer, de te poser, de trouver ton chemin. Pour toi aussi, ce n'est pas facile non plus de quitter l'enfance.

– *Auriez-vous des trucs pour les aider à me faire plus confiance ?*

– À toi de les trouver, Sylvie, réfléchis bien !

– *(Soupir)... Ben... par exemple, en bossant mieux à l'école, en acceptant un service sans crier ou me plaindre, en parlant un peu plus avec eux, et... en rangeant ma chambre (éclat de rire) !*

– Tes exemples n'ont l'air de rien, mais, souviens-toi que c'est par des **actions** de ce genre-là qu'on apprend à se **faire confiance**, et non par de grandes théories... Alors qu'un simple petit mot dit de travers peut mettre le feu aux poudres !

4. Humeur massacrante !

(Élodie, 17 ans)

à fleur de peau

«

– Je n'arrive pas à gérer mes **humeurs.** *À la maison, on me dit que j'ai un fichu caractère et puis, je me fâche tout le temps avec mes copines. À l'école, on nous a expliqué que ce sont les hormones de la puberté qui déclenchent des sautes d'humeur chez les ados. Alors, à qui la faute ? Aux hormones ?*

– Essaie de te souvenir des raisons de tes dernières crises de colère…

– Ben… une fois, suite à une mauvaise note… lors d'une remarque de ma mère… et puis… quand une copine s'est foutue de moi, voilà !

– Je vois que tu es à fleur de peau, comme tous les ados qui ont un immense besoin d'être **reconnus, valorisés, aimés.** La moindre contrariété te déstabilise et lacère ta sensibilité trop fragile, ta personnalité trop peu sûre d'elle, comme le petit oiseau revêtu d'un mince duvet. Tu sais, on ne peut rien contre ses propres émotions, qui **oscillent** entre le rose et le noir.

– Mais comment faire pour que la colère ne détruise pas les relations ?

– D'abord, après la tempête, accueille tes émotions, dialogue avec elles, apprivoise-les, cherche à connaître la raison de leur emballement, pour avoir une certaine prise sur elles. Tes **émotions**, c'est aussi toi, c'est ta **vie**, ce sont de **puissantes énergies**. Justement, toi qui pratiques l'équitation, tu sais qu'on ne monte pas sur un

JE SAIS QU'AU BOUT DU COMPTE, C'EST ELLE QUI VA GAGNER. C'EST PÔ JUSTE !
MAIS FUREUR, CALME-TOI, LAISSE-TOI APPRIVOISER !

cheval sauvage avant de l'avoir dressé, puis apprivoisé, ce qui demande du temps avant qu'il n'obéisse. Ce cheval, ce sont tes émotions sauvages et explosives, que tu vas, petit à petit, apprivoiser...

– *Chez moi, la plupart du temps, c'est le cheval qui part au galop, sans que je ne parvienne à le ralentir. Et je m'emballe avec...*

– Patience, Élodie ! Donne du temps au temps. Tu es bien plus que tes **colères**, ton **caractère** et tes **sentiments sauvages**. Tu es la cavalière sur ta propre monture. C'est toi qui commandes, qui tiens la bride.

– *Mais comment être cette cavalière ?*

– Cherche au fond de ton cœur d'autres énergies, des sentiments positifs... Exploite-les. Qu'aimerais-tu vivre et transmettre aux autres ?

– La ***bonne humeur***, la ***paix***, la ***joie***, l'***amour***, enfin, tout ce qui fait du bien !

– Mademoiselle, vos désirs sont des ordres ! Sache qu'au fond de ton cœur, il y a ces énergies positives que tu désires : paix, amour, joie, etc. Alors, dis-toi bien : « J'ai des colères, mais je ne suis pas la colère ; j'ai de la tristesse, mais je ne suis pas la tristesse, j'ai des peurs, mais je ne suis pas la peur. Par contre, tout mon être repose sur l'amour, et c'est là que je trouve la force de me dépasser et d'avancer... » L'amour, c'est **plus fort** que tout !

No FUTURE !
ERIC, ON T'AIME !
TU NOUS MANQUES TROP !
VIENS AVEC NOUS !
SYLVIE N

5. J'ai trop besoin qu'on m'aime !

(Éric, 15 ans)

blessure

– Je me sens comme une ***île déserte*** *au milieu d'un océan de monde !*

– Mais s'il y a du monde, tu n'es pas seul ?

– Si, parce que personne ne peut comprendre ce que je vis ! Alors, je fais semblant d'être avec les autres. Je me force à rire, à déconner, comme tout le monde… Mais le cœur n'y est pas vraiment.

– N'as-tu pas un copain à qui parler ou quelqu'un de ta famille ?

– Pff ! Les copains ! T'as intérêt à être discret avec eux, à ne pas trop te démarquer. T'es vite jugé, catalogué, insulté parfois.

– Et tes parents ?

– Pas touche à ma vie privée ! À côté des formules de politesse, je les tiens un peu à l'écart. C'est vrai qu'ils doivent se poser bien des questions…

– Tu ne penses pas que vous, les ados, êtes tous et toutes des « îles désertes », éloignées les unes des autres, avec, certainement, la même solitude ? Vous ne cherchez pas tellement à vous frôler de peur de vous blesser…

– Ou alors, au contraire, on se rentre dedans, on se mélange les uns aux autres, on se dit tout, croyant à l'amitié indestructible et, tôt ou tard, ça casse. Alors, mieux vaut garder ses distances pour ne pas souffrir. Moi, j'ai trop ***besoin qu'on m'aime****, voilà tout !*

– Le cri du cœur ! Tu as raison, Éric, on a tous besoin d'être aimé. Ton besoin d'amour dévoile en même temps les tonnes d'amour qui sont dans ton cœur, mais tellement comprimées sous la pression du stress qu'on vous impose, à vous, les jeunes ! Pression de l'école, des notes, de la réussite, de la famille, du regard des autres, de l'attente des adultes, de la croissance physique, des changements affectifs, de l'éveil de la sexualité et, bien sûr, du déferlement... des hormones !

– *En tout cas, c'est crevant !*

– Et si tu inversais la moitié de ton immense besoin d'amour en **don d'amour** pour les autres ?

– *Ah, oui ? Comment ?*

– As-tu des lieux ou des occasions de partager de belles amitiés ?

– *Oui, aux scouts. Là, c'est génial, on fait un tas d'activités ensemble, on est solidaires les uns des autres, on crée tout plein de liens et on oublie ses problèmes. Et puis, notre chef, il nous comprend, vraiment cool !*

– Faire des choses **ensemble**, c'est la meilleure manière de ne pas s'isoler et de créer de la véritable amitié, surtout quand on est guidé par un bon chef ! Il faudrait beaucoup de mouvements comme celui-ci... Et puis, entre nous soit dit, ne lâche pas trop tes parents !

– *Ouais, ouais...*

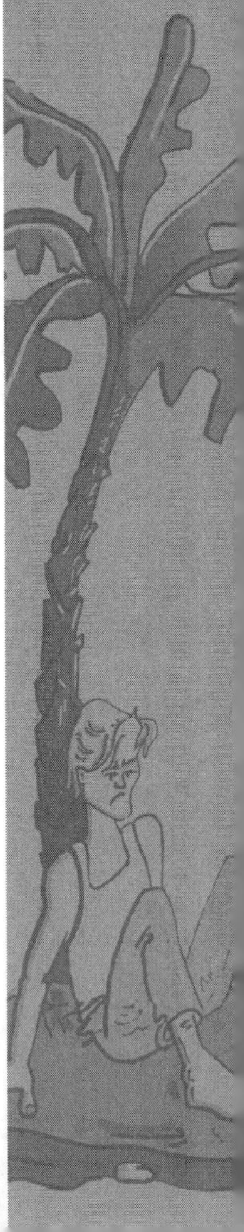

6. Papa, donne-moi juste une soirée !

(Christophe, 13 ans et demi)

– Y capte rien, mon père, mais rien du tout ! Pourtant, avant, on se parlait souvent, tandis que maintenant, il ne s'intéresse plus à moi.

– Est-ce que tu discutes avec lui comme avant ?

– Chais pas trop… Peut-être ben que non. Mais lui, il pourrait quand même se préoccuper de moi, me donner du temps, non ?

– Vu ton **changement**, ton père a peut-être un peu **peur de t'aborder**, il ne sait plus trop quoi dire à un ado devenu secret, peut-être sensible à l'excès, non ?

– Ouais… L'autre soir, je lui fais : « Papa, j'aimerais bien aller manger une pizza à l'extérieur. » Il me répond : « Y a une méga pizza au frigo, pour toute la famille, mets-la au four avant 19 heures ! » Il n'a pas compris que je voulais être seul, juste une soirée, avec lui !

BONNE IDÉE, MON FILS ! ON VA ORGANISER LE BOULOT POUR SAMEDI !
IL ME CAPTE PAS, MON PÈRE ! IL A LA DALLE, C'EST TOUT !
DANS 10 MINUTES, JE M'ARRACHE D'ICI !
SPLATCH !
SCROUTCH
SCROUTCH
SYLVIE NIGG

– Pour te confier à lui, comme avant ?

– *Mais non, pour être avec lui, c'est tout !*

– J'ai l'impression que tous les deux, vous faites des monologues.

– *Des mono quoi ?*

– Je veux dire que tu t'es dit à toi-même ce que tu espérais ce soir-là, sans le lui dire ouvertement. Et lui, peut-être qu'il a fait exprès de détourner la conversation, de crainte de se retrouver seul en face de toi, sans trop savoir quoi dire ?

– *Ouais, mais c'est lui le père, il n'avait qu'à capter !*

– Tu aurais pu aussi l'aider, en étant plus clair, je suis persuadé qu'il en aurait été touché.

– *Je me demande s'il aurait accepté… De toute façon, il n'a jamais le temps, sauf pour me flanquer du boulot : « Tiens, samedi, tu pourrais me donner un coup de main au garage… ? »*

– Mais pourquoi tiens-tu tellement à **passer du temps** avec ton père ?

– *Mais parce que c'est* ***MON père****, c'est tout !*

– Je te reçois cinq sur cinq, Christophe ! Je saisis ton besoin, même si tu n'arrives pas vraiment à faire passer ce message à ton père. Vous, les ados, avez tellement besoin de vous sentir reconnus et valorisés par vos parents ! Mais tu dois aussi comprendre le désarroi de bien des pères devant vos attentes, ils ne savent pas toujours comment faire pour bien faire… Vous pouvez peut-être les aider ?

onfiance

oser

TU FERAS DES ÉTUDES !
MAIS PAPA, REGARDE-MOI, JE SERAI BIEN PLUS À L'AISE À L'AIR LIBRE QUE DANS UNE SALLE DE COURS !

7. Je ne suis pas la photocopie de mes frères

(Lionel, 15 ans)

– *Doit-on* ***correspondre*** *à ce que les parents attendent de nous?*

peur de déplaire

– As-tu un exemple, Lionel?

– *Mon père me dit tout le temps que je suis destiné à faire des études. Ma voie est déjà toute tracée : lycée, bac, université. Il veut que je suive le même chemin que mes deux grands frères. Mais moi, je n'aime pas les études, je rêve du grand air, de la terre et des plantes. Je m'intéresse à l'horticulture.*

– En as-tu parlé à ton père?

– *Non, j'ai trop peur de lui déplaire.*

– Et si tu lui déplaisais, que se passerait-il?

– *Je serais la honte de la famille!*

– Ça veut dire quoi?

– *Ben... que je ne serais plus considéré par lui et par mes frères.*

– Plus considéré et... plus du tout aimé, tu penses?

ronter

– *Euh... j'sais pas trop...*

«

– Moi, je suis persuadé que des parents n'aiment pas leurs enfants en fonction de leur **formation**, de leur **échec** ou **réussite**. Ils les aiment parce que ce sont leurs enfants, c'est tout. Ceci dit, je comprends aussi ton père qui souhaite te donner le maximum de chances pour affronter la vie, avec la meilleure formation qui soit. C'est le rêve de tous les parents.

– Mais mon rêve à moi, c'est d'être jardinier ! S'il me met des bâtons dans les roues, je ferai ce qu'il veut, mais, à dix-huit ans, je me casse de la maison !

– Et si tu allais lui parler ouvertement, ne penses-tu pas qu'il serait touché de ton courage et ta sincérité ? À condition, bien sûr, de bien argumenter ton intérêt pour cette profession. Dans le **dialogue**, on trouve toujours une **solution**.

– Ouais, faudrait que je me grouille d'y aller avant la fin de l'année scolaire !

8. Juste un joint, une fois !

(Luc, 14 ans)

– *Juste une fois, ce n'est pas grave, hein ?*

– Pourquoi viens-tu m'en parler, Luc, tu ne te sens pas très bien ?

– *Pas très bien !*

– Que veux-tu dire exactement ?

– *Que, sur le moment, c'était une sensation agréable et puis après, j'ai tout gerbé. Par la suite, j'étais troublé, plus très sûr, quoi !*

– En fait, pour quelle raison as-tu fumé, tu ne vas pas bien ces temps-ci ?

– *Disons qu'on m'a forcé un peu, je n'ai pas* ***osé dire non****. Je voulais être* ***cool****.*

– Tu sais ce que c'est que du cannabis ?

– *De l'herbe.*

TIENS, ESSAIE C'EST COOL !
SOIS COURAGEUX, MON GARS, C'EST LE PREMIER PAS QUI COMPTE !
BIERIUS
NON MERCI ! J'AI DÉJÀ PRIS MA DOSE DE BONNES RÉSOLUTIONS.

– Pire : de la drogue ! La drogue, c'est un produit nocif qui te rend dépendant et finit par te bousiller les neurones. Arrive le jour où tu fonctionnes comme un zombie. Et puis, consommer de la drogue, c'est purement et simplement interdit par la loi.

– Ouais, bon, mais seulement une fois…

– Une fois de trop, Luc ! D'après toi, qu'est-ce qui t'a fait craquer : la curiosité, l'influence des autres, la peur de te démarquer ?

– Un peu tout ça à la fois. En tout cas, je ne recommencerai pas. Je dirai non.

– Ne pas céder à l'**influence** des autres, c'est aussi une marque de **courage** et d'**intelligence**, une **force de caractère**, la **volonté** d'être soi-même…

– Et surtout que mes parents me font confiance. J'avais l'impression de les avoir trahis, alors que je m'entends bien avec eux. J'ai vraiment de la chance de les avoir.

– Je suis persuadé que leur confiance t'apaisera et t'aidera à faire les bons choix. Maintenant, va de l'avant et ne regarde plus en arrière !

– Yeh ! Il faut que je m'arrache de cette bande !

ICI, JE SUIS DANS MON MONDE, JE SUIS TOUT-PUISSANT !
NON ! ICI, C'EST MOI QUI COMMANDE. JE SUIS TON MAÎTRE !

9. Accro des jeux vidéos !

(Stéphane, 17 ans)

– Je ne peux plus m'en passer !

– Ça te pose un problème ?

– Surtout à mes parents. Pour moi, c'est un divertissement, une fuite de mes problèmes. J'oublie mes sales notes. De toute façon, je redouble, alors, j'ai décidé de glander. C'est mon choix, ma liberté !

– Quel plaisir en retires-tu ?

– D'abord, on me fout la paix, et ensuite, c'est moi qui dirige tout. Je suis le plus fort dans cet univers magique. Je gagne toujours. Je suis tellement bien dans mon petit monde à moi. Tandis que dans le monde... ouais, disons normal, je vole bas.

– Ton petit **univers virtuel** t'aide-t-il à te reconnecter avec le monde normal ?

– Dur, dur ! J'ai de plus en plus de peine. Les images continuent à tourner dans ma tête, même la nuit, et je n'entends plus les gens qui m'entourent. Mes parents m'énervent, tout le monde m'énerve... Et mes amis me lâchent. Je suis déchiré, quoi !

– Si c'est toi le plus fort « en ligne », tu perds les pédales dans la **vie réelle**, non ?

– Juste ! Je n'arrive plus à me raccrocher...

– En réalité, c'est ton ordi qui **commande** tout et toi, tu plies, puisque tu ne peux plus t'en passer. Ce que tu crois être « ta liberté » te conduit à une véritable dépendance, pas vrai ? Ce qui était, au départ, une saine distraction, a envahi ta vie. Tes parents, qu'en pensent-ils ?

– *Ils ont plus ou moins baissé les bras pour éviter les continuelles bagarres avec moi. J'ai quand même dix-sept ans ! Y z'auraient jamais dû, dommage... Maintenant, c'est trop tard.*

– Il n'est jamais trop tard pour **retrouver sa liberté**. Tu as toi-même les moyens de rompre tes chaînes.

– *Lesquels ?*

– D'après toi ?

– *Diminuer les heures devant l'ordi...*

– Oui, si tu t'en éloignes le plus loin possible et si tu compenses par quelque chose de sain.

– *Je pourrais me refaire des amis, m'intéresser davantage aux autres, mieux me connecter avec mes parents, aller donner des coups de main à mes grands-parents qui habitent à la campagne, à l'air pur.*

– Le tout, c'est de **bien penser**, de **décider** et de **te mettre en route**.

adolescence

Dieu, la foi, la religion et moi

humeur

émotions

JE CHERCHE DES PREUVES DE L'EXISTENCE DE DIEU.
TOC-TOC
PAS SI LOIN, JE SUIS DANS TON COEUR !

10. Dieu existe-t-il ?

(classe de 14-15 ans)

– *Donnez-nous la* **preuve** *que Dieu existe !*

– Et vous, donnez-moi la preuve que l'amour existe !

– *Quoi ?*

– Ben oui, l'amour, c'est quoi ? D'où vient l'amour ? Peut-on le comprendre, l'analyser, le démontrer, le maîtriser ? Existe-t-il un « organe » de l'amour ?

– *Mais l'amour, ça ne se démontre pas, c'est quelque chose que l'on ressent, « ici » (main en direction du cœur).*

– Dieu, c'est pareil. On le ressent « ici », mais pas toujours, ou même, pas du tout. On ne peut pas tout expliquer, démontrer, analyser. L'amour est essentiel à la vie et pourtant, il nous échappe toujours. Impossible de lui mettre la main dessus. Dieu, c'est la source de l'amour. Que l'on ait vingt, quarante ou quatre-vingts ans, on a toujours besoin d'amour, comme l'air que l'on respire. Nous changeons, les cellules de notre corps se renouvellent complètement tous les sept ans environ ; mais l'amour ne bouge pas, il ne vieillit jamais, c'est toujours le même besoin d'aimer. **Dieu** non plus **ne change pas**, il est toujours là, en attente...

– *Mais alors, comment trouver Dieu ?*

– Pourquoi pensez-vous qu'il y ait toujours des croyants ? Ou encore, comment se fait-il que deux mille ans après le Christ, de nombreux chrétiens continuent d'annoncer que Jésus est vivant ?

– *Ben… faut bien croire qu'une* **force** *les habite… Une* **réalité vivante**, *celle de* **Jésus…** *Moi, je vois ça chez ma grand-mère : quand elle prie, elle est rayonnante…*

Moi, quand je regarde des émissions sur la vie de l'abbé Pierre, de sœur Emmanuelle ou de Guy Gilbert, je me dis que, sans la présence de Dieu, ils n'auraient jamais pu faire tout ça, et bien d'autres encore… C'est vrai que, sans Dieu, il n'y aurait plus de religion…

– En effet, on peut « voir » **Dieu à l'œuvre** chez ceux et celles qui vivent de lui. Il ne reste plus qu'à le « cueillir » pour le mettre dans vos vies !

– *Pour ma part, je me dis qu'un jour, la science expliquera tous les mystères et qu'on n'aura plus besoin de Dieu.*

– Soit ! Mais penses-tu que la science te donnera le bonheur auquel aspire ton cœur ?

– *Pas pour l'instant, c'est sûr. Mais qui sait… ?*

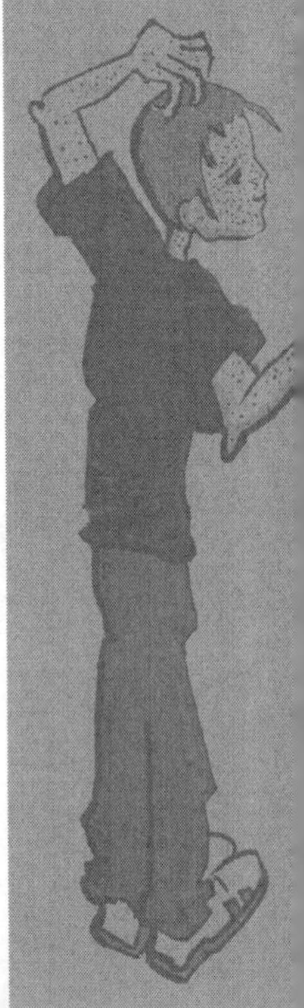

11. Mais, si Dieu existe, pourquoi le mal ?

(classe, 15 ans)

– *Si Dieu existe, alors, pourquoi les guerres, le massacre des innocents, le mal dans le monde ?*

– Parce que Dieu est **prisonnier**, on l'a **ligoté**.

– *Prisonnier de quoi, de qui ?*

– De nos égoïsmes, de notre orgueil, de notre soif d'avoir et de pouvoir sur les autres, alors qu'il est une puissance d'amour impressionnante en chacun de nous ! Lorsqu'on le délie, on se sent bien et le monde va mieux.

– *Alors, comment le délier ?*

– Intéressez-vous à lui, rendez-lui sa **liberté**, laissez-le agir en vous, puis allez délier tous ceux qui souffrent du mal et des injustices des hommes. Écoutez ce que dit Jésus dans l'Évangile, en parlant de lui : « *J'ai eu faim et vous m'avez donné à manger ; j'ai eu soif et vous m'avez donné à boire ;*

EH ! COMMENT TU T'APPELLES ?
JÉSUS !
SylVIE Niss

j'étais un étranger et vous m'avez accueilli, nu et vous m'avez vêtu, malade et vous m'avez visité, en prison et vous êtes venus à moi. [...] *En vérité, je vous le déclare, chaque fois que vous l'avez fait à l'un de ces plus petits, qui sont mes frères, c'est à moi que vous l'avez fait.»* (Mt 25, 35-40) Dieu n'est pas dans les nuages, il est là, **tout près de vous...**

– *Ouais, mais nous, on n'est pas des saints pour faire tout ça!*

– Ah, bon? Visiter un malade, être sensible à un camarade qui souffre ou qui a été exclu de votre groupe, aider un plus faible, se réconcilier... Est-ce vraiment au-delà de vos forces?

– *C'est vrai qu'on exclut facilement... En tous les cas, elle est vraiment classe, cette parole de l'Évangile!*

– C'est bien là que Dieu se trouve!

délier

«

encontrer

JE NE RESSENS PAS DIEU, JE NE L'ENTENDS PAS,
JE NE CROIS PLUS EN JÉSUS !
PRIÈRE
MOI, JE CROIS EN TOI ET JE T'ATTENDS !
MUSIC
DRING DRING
TUT-TUUU

12.

Je ne ressens pas Dieu

(Anne, 17 ans)

Dieu ?

rSévérance !

«

– Jusqu'à douze ans, j'allais à l'église, prier me faisait du bien. Et, tout à coup, c'est venu comme ça, j'ai perdu Dieu, je ne le sentais plus du tout, alors, j'ai tout arrêté. Aujourd'hui, je doute même de son existence.

– **Dieu s'est caché**, voilà tout. Quelqu'un qui se cache ne signifie pas qu'il n'existe plus. Tu parles de « sentir Dieu », mais sache que tes sensations et sentiments ne sont pas le tout de ta personnalité. Tu ne ressens pas le fonctionnement de tes organes, par exemple, et pourtant, ils entretiennent ta vie. Il y a en nous ce que l'Évangile nomme « ta chambre » (Mt 6, 1-8), un lieu secret et intime où Dieu habite. C'est là qu'il faut aller le rencontrer. **Dieu se cache en toi** pour que tu fasses l'**effort** de le **chercher**.

– Mais, comment ?

– D'abord, fais silence, prends le temps de te recueillir et parle avec lui comme on le fait avec un ami. Recommence souvent l'exercice, reste fidèle à la prière et, tu verras, Dieu finira par quitter sa cachette. Quand j'étais enfant, puis ado, j'avais horreur des maths. Alors, durant les cours, par la magie de l'imagination, je changeais de monde, je m'inventais des scènes où je me sentais super bien. J'entendais la voix du prof, mais je ne l'écoutais pas. Et puis, à un moment donné, il fallait bien revenir sur terre et faire l'effort de suivre les explications si je ne voulais pas couler. Même si les maths ne m'ont jamais procuré de plaisir, j'ai quand même persévéré. Toi aussi, fais de même avec Dieu lorsqu'il semble avoir disparu de tes sensations, **prie, persévère dans la foi !**

– *Dieu, ce n'est pas du tout cuit ! Il ne suffit pas d'appuyer sur la sonnerie et le voici sur un plateau !*

– Bien dit ! Il faut **entretenir la flamme**. C'est comme des braises qui couvent sous la cendre. Extérieurement, tu ne vois que du gris et tu penses que le feu est mort. Il suffit de souffler dessus pour que le feu reprenne. Il en est de même de nos relations d'amitié. On ne « ressent » pas toujours l'amour que l'autre nous porte et parfois même on se blesse, on se griffe, mais cela ne nous empêche pas de persévérer, de rester fidèle, de « souffler sur la cendre ».

13. Mais comment prier ?

(Sophie, 18 ans)

prière

intimité

…coute ton cœur !

– *Les prières, c'est du bla-bla, des formules que l'on récite. C'est ennuyeux !*

– Qu'est-ce qui compte le plus pour toi dans la vie, Sophie ?

– *C'est l'amitié, et surtout être sûre qu'on m'aime.*

– Pourquoi est-ce si important que ça, l'amitié, pour toi ?

– *Parce que, sans l'amitié, on vit dans un monde de merde et de brutes ! Tout est tellement* ***artificiel****,* ***superficiel****, et même les rapports entre nous...*

– Qu'attends-tu de l'amitié ?

– *D'exister. Quand je me sens aimée, j'ai l'impression d'être vraiment quelqu'un.*

– Sais-tu que Jésus nous appelle, « non plus des serviteurs », mais « ses propres amis » (Jn 15, 14-15) ? Le serviteur fait ce qu'on lui commande, il agit sous la peur, de crainte d'être puni. Tandis que l'ami parle avec son ami, il se confie à lui. Jésus a fait de nous ses amis : « *Ce n'est pas vous qui m'avez choisi, mais c'est moi qui vous ai choisis.* » (Jn 15, 16) Et Jésus est fidèle, nous lui appartenons pour toujours, il ne nous laissera jamais tomber, son amitié est fidèle et aussi solide que du roc !

– Alors, si prier, c'est parler du fond du cœur à Jésus comme à un ami, c'est exactement ce que je fais, et depuis toujours ! Je ne vais pas souvent à la messe, mais je ***dialogue*** tous les jours ***avec***

Z-
Z-Z-
Z-Z-ZE-ZE
ZEN... ZE-ZE
ZE-ZU-ZU...
ZEZ-ZEZU-
ZEZU-ZEZ-
ZEZU-...
JÉSUS-
JÉSUS-
JÉSUS...
AH, CETTE FOIS, J'Y SUIS... JÉSUS, TU ES LA PAIX DE MON COEUR
COURS D'INITIATION À LA PRIÈRE
AH, ENFIN!
SYLVIE NISS

Jésus. En pensant à lui du fond du cœur, je me sens réconfortée. Je peux tout lui confier, il m'écoute. J'ai confiance en lui, il me donne une grande paix. Alors, je reste zen au lieu de m'exciter.

– Tu me touches vraiment, Sophie !

– *Les adultes s'imaginent que les ados n'ont plus la foi, mais ce n'est pas vrai ! On la vit différemment, plus discrètement pour éviter que nos copains et copines se foutent de nous. La foi me réconforte, elle m'éclaire et donne une juste direction à ma vie.*

– En fait, **la prière nourrit la foi**, comme le bois entretient le feu dans la cheminée. Mais, dis-moi, et les jeunes qui ne croient pas ou qui ont perdu la foi ?

– *Quand on n'a pas la foi, un vide s'installe en nous. Alors, pour combler ou fuir le vide, on s'éclate en disco comme des tarés, certains jeunes boivent jusqu'à ne plus se voir les pieds, d'autres se droguent, se révoltent contre la société... Mais cela ne change rien, chaque matin, la dure réalité de la vie nous rattrape et l'on se retrouve encore plus vide qu'avant !*

aisement

détente

Regarde, ici, c'est le festival des cannes !
Tu vois, on est des quantités de copines ici !
Et moi, tu m'as oublié ?
Euh?!
ZZZZZZZ

14. La messe, trop ennuyeuse !

(Florent, 15 ans)

église

ennui

– Moi, je ne vais plus à la messe du dimanche. Quand j'y allais avec ma grand-mère, mes potes se foutaient de moi, la **honte***, quoi ! Et puis, ceux qui vont à la messe ne trouvent pas de copine.*

– Ben ça alors... Mais ils y rencontrent un Amour qui les rassure, le vrai, et qui, un jour, les aidera certainement à trouver la bonne copine, en éclairant leur chemin.

– Ah, je vois... Mais moi, je ne ressens pas le besoin d'aller à l'église. Je peux aussi trouver Dieu ailleurs, non ?

– Oui, mais la messe, c'est un **sommet**. C'est Dieu qui nous dit : « Je t'aime » en nous livrant ce qu'il possède de plus cher au monde : son Fils Jésus. C'est le sommet de l'amour : *« Il n'y a pas de plus grand amour que de donner sa vie pour ses amis. »* (Jn 15, 13) Connais-tu quelqu'un qui donnerait sa vie pour toi, par amour ?

– Bon, mais moi, là, je ne capte plus. Je pense que je suis encore au bas de la montagne, loin du sommet.

– Je comprends tes interrogations, Florent. Prends le temps de **cheminer**, de « **monter** » toujours plus haut, de te poser les bonnes questions sur Dieu et sur le monde qui t'entoure. Surtout, ne fais pas du « sur place » pour ne pas, un jour, mourir de faim et de soif spirituelle. Pourquoi ne consacrerais-tu une demi-heure par semaine, presque le temps d'une messe, à lire de bons livres sur Dieu ?

«

...u attend

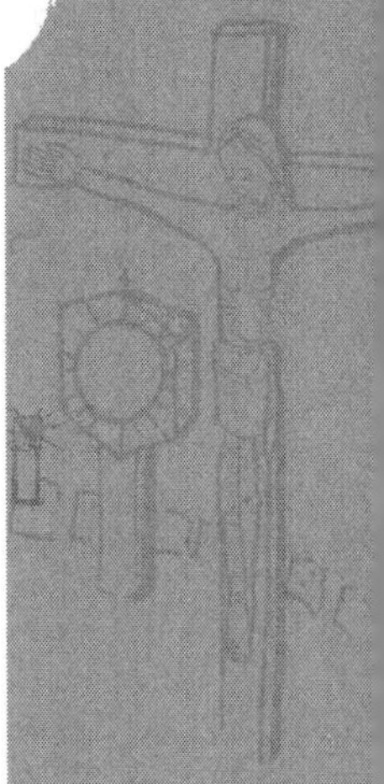

– Ouais, ça, c'est un bon conseil. Je connais des mecs de mon âge qui sont obligés d'aller à la messe avec leurs parents, qu'en pensez-vous ?

– Je pense qu'à quatorze, quinze ans, un ado doit suivre ses parents, cela fait partie de certains rites familiaux, pour sauvegarder l'unité de la famille. Ensuite, vers seize, dix-sept ans, le jeune devrait être libre de faire ses propres expériences, car lui imposer ses propres points de vue, si son cœur n'y est pas, ça ne marchera de toute façon pas. Le contraindre à aller à la messe produira l'effet contraire : il en sera dégoûté.

– Ouais, et surtout que ceux qui vont à la messe tous les dimanches ne donnent pas l'impression d'avoir vécu un moment d'amour, rien qu'à les entendre !

– Faut pas mettre tout le monde dans le même sac, Florent. On y trouve aussi d'authentiques témoins de la joie du Christ ressuscité. Je te redis ma conviction : la messe est **incontournable** pour un chrétien. C'est l'**amour de Dieu** infusé à **haute dose** !

15. La messe : un plein d'énergie !

(Cédric, 18 ans)

rce

foi

lumière

– *Moi, je vais à la messe tous les dimanches, c'est un* ***bol d'air*** *et ma* ***force*** *pour toute la semaine.*

– Tu ne te sens pas un peu seul comme jeune ?

– *Oui, c'est vrai, mais j'y vais d'abord pour moi. Mes parents m'ont montré l'exemple, je n'ai jamais été forcé d'y aller, c'est juste une habitude à prendre. Après l'effort, on est toujours* ***récompensé****. On ne peut forcer quelqu'un à répondre à l'invitation d'un ami. Et puis, prier avec d'autres, voir qu'on n'est pas tout seul, ça aide vraiment. Je trouve dommage qu'on ne fasse pas grand-chose pour attirer les jeunes et je comprends qu'ils ne s'y sentent pas à l'aise. Je ne pense pas que les jeunes n'ont plus la foi, mais ils ne savent pas comment l'****exprimer*** *et la* ***faire vivre****. Si des parents sont vraiment enracinés dans la foi et que leur témoignage de vie est authentique, un jour, leurs grands enfants*

TU PEUX TOUT EN CELUI QUI TE FORTIFIE ! (PH 4,13)
LA MESSE, C'EST UNE FORCE POU
TOUTE LA SEMAINE, Ç
ME TIRE EN AVANT

ommunion

«

reviendront à l'église, grâce à leur exemple. Tôt ou tard, on revient toujours à ses ***racines****.*

– Qu'apprécies-tu à la messe ?

– D'abord, c'est l'homélie si elle est bien envoyée, avec du contenu et des paroles qui éclairent ma vie. Pour moi, c'est un véritable enseignement. Ensuite, j'attends la communion avec impatience, c'est là que j'y trouve la force. Je prends le temps de parler avec Jésus, mon ami. Et puis, à la sortie de la messe, on rencontre plein de gens avec qui on fait un brin de causette.

– La messe te suffit-elle pour entretenir la flamme de la foi ?

– Je dirais, elle en est le centre, mais à part ça, j'appartiens au mouvement scout, je chante dans une petite chorale de jeunes chrétiens... C'est important de pouvoir ***partager sa foi avec d'autres****.*

onfidence

Ah, le courant passe à nouveau... C'est du vieux matos, mais ça marche bien !
C'était juste une toute petite panne d'Esprit-Saint !
Je vous appelle mes amis
Sylvie Nigg

16.

Je ne crois pas en l'Église !

(Julien, 18 ans)

Église

God connection

– *Moi, je crois en Jésus, je crois en Dieu, mais pas en l'Église !*

– Dis-moi, Julien, tu « chattes » souvent avec tes amis ?

– *Parfois, des heures et des heures, durant le week-end.*

– Pour « chatter », t'as besoin de quoi ?

– *Ben, d'un ordi !*

– Indispensable, pas vrai ? Pendant tes dialogues, penses-tu à ton ordi, à son fonctionnement, au courant électrique qu'il consomme, etc. ?

– *Négatif ! Absorbé par le « chat », je me concentre sur l'autre personne.*

– Et un ordi, ce n'est pas éternel. Il faut l'entretenir, améliorer ses performances, changer des pièces et, un beau jour, en acheter un neuf.

– *Logique !*

– L'Église, c'est comme ton ordi : un matos **indispensable** pour **communiquer** entre nous, et entre nous et Dieu. Parfois, elle fonctionne mal, il y a des défections, des dérapages, des bugs, des virus... Il faut sans cesse la renouveler, changer ses commandes, reconnaître ses pannes, mais ça reste toujours l'Église, outil incontournable voulu par Jésus afin que le « **courant spirituel** » puisse circuler du mieux possible entre nous et Dieu. Sans le courant, rien ne fonctionne et sans ordi, le courant ne passe pas. L'Église est là, elle nous connecte sur « l'autre » et ensuite, on peut l'oublier !

– *Ouais, mais votre ordi est bien malade ces temps-ci !*

– Vrai, mais si certaines commandes ont buggé, la carte mère est bonne, les logiciels continuent de fonctionner : l'enseignement, les sacrements, le « chat » qui rassemble les internautes cathos ! Preuve que le courant passe...

17.

La religion impose trop de règles !

(Sandrine, 17 ans)

religion

«

lation ?

règles ?

– *Moi, je veux être libre et indépendante. La religion* ***impose*** *trop de règles !*

– Te sens-tu vraiment libre par rapport aux autres, à ton groupe de copains et copines, au monde qui t'entoure ? Ne t'imposent-ils pas eux aussi leurs propres lois ?

– *Vous voulez dire quoi ?*

– Te sens-tu vraiment **indépendante** du **regard** et de l'**opinion** des autres, des modes à suivre, de toute la technologie qui t'environne, de la TV, des pubs et d'un tas d'autres choses ? Es-tu libre de tes peurs, de tes caprices, de tes pulsions, de tes humeurs ? Fais-tu vraiment ce que ton cœur désire ? Qui t'impose le plus de lois, Dieu ou le monde dans lequel tu baignes ?

– *Facile à dire... mais si je ne m'adapte pas aux autres, je suis éjectée du groupe !*

– S'adapter n'est pas s'agripper, jusqu'à ne plus entendre ses propres désirs... À la longue, n'est-ce pas frustrant ? Dieu, lui, ne t'impose aucune règle. Il est simplement là, au fond de ton cœur. Il attend d'entrer en dialogue avec toi pour t'aider à trouver ton propre chemin, celui qui te convient le mieux. Être **libre**, c'est être **à l'écoute de son cœur**, et **de Dieu** au fond de son cœur. Lui nous connaît bien mieux que nous-mêmes, il peut nous conseiller, nous orienter... Il nous libère du regard et des jugements des autres. En lui, je suis vraiment libre,

VIVEZ LEGER
LIBERTÉ !
LES DIX COMMANDEMENTS
TECHNOLOGIE
REGLES DU GROUPE
PUB HABITS GRIFFES
HUMEURS JALOUSIE PEUR
REGARD ET OPINION DES AUTRES
SylVIE Niss

je n'ai pas besoin de me cacher ni de porter un masque.

– *Oui, mais, que faites-vous des dix commandements ? C'est dans la Bible.*

– D'abord, il ne s'agit pas de commandements sous peine de punition, mais de dix conseils pour ne pas perdre sa liberté. Dieu, nous dit la Bible (Livre de l'Exode), vient de libérer son peuple de l'esclavage du pharaon d'Égypte. Libre, d'autres dépendances, d'autres dangers guettent ce peuple et Dieu veut le protéger d'un retour en arrière.

Lis ces dix conseils, et tu verras qu'ils sont pleins de **bon sens** et de **vérité**. Par exemple, quatre concernent Dieu lui-même, quatre conseils pour ne pas l'éloigner de notre vie, sinon nous perdons notre liberté, le fondement de notre personnalité. Six touchent à nos rapports aux autres, afin de ne pas céder à nos penchants mauvais. Et sache encore que la composition de la « Charte des droits humains » s'est inspirée de ces « dix paroles ».

VENEZ VOIR, LE NOUVEL UNIFORME DES SERVANTS DE MESSE !
VOUS N'AVEZ PAS QUELQUE CHOSE DE PLUS LÉGER ?
C'EST POUR ÉVITER LES RAGOTS !
MAIS VOUS SAVEZ, TOUT LE MONDE VOUS APPRÉCIE DANS LA PAROISSE, VOUS ÊTES UN CURÉ SUPER COOL !
SylVIE NiSS

18. Y sont tarés ces curés !

(classe 14-15 ans)

– *Vous êtes prêtre, donc pédophile, n'est-ce pas ?*

– Ben, vos papas le sont aussi, alors ?

– *(Long silence) Mais pourquoi dites-vous ça ?*

– Parce que, et c'est reconnu, la pédophilie se vit d'abord dans les familles, entre un père et son enfant, par exemple, ou avec un grand frère, un oncle, un grand-père... Cela ne signifie par pour autant que tous les papas sont des pédophiles. Il en est de même pour les prêtres. Aujourd'hui, on branche les projecteurs sur les prêtres alors que ce **fléau** touche toutes les couches de la **société**.

– *Mais les prêtres doivent montrer le bon exemple, non ?*

– Vous avez pleinement raison. Et je vous avoue qu'on en prend plein la gueule en ce moment ! C'est un péché très grave commis sur des enfants, un scandale qui fait du mal aux familles et humilie tous les autres prêtres. Mais il faut que ces horreurs soient dénoncées pour qu'elles ne se reproduisent plus.

– *Comment supportez-vous le regard des autres sur vous après ces scandales ?*

– Dur, dur... Mais, nous autres prêtres, devons passer par là, sans être heurtés par les jugements et soupçons lancés sur nous. Personnellement, je garde la joie et l'espérance, car ma **vie** et ma **force**, c'est le **Christ**. C'est à lui que j'ai donné ma vie. Face à ces tristes événements, son message n'en a pas été souillé pour autant, il reste d'actualité, on peut en retirer une grande paix en le méditant. Vous aussi, attachez votre cœur au Christ, et non à ses représentants !

– *Que deviennent les prêtres pédophiles ?*

– Reconnus coupables, ils sont jugés par les tribunaux civils et doivent purger une peine en fonction de leur délit.

– *Dieu va-t-il leur pardonner ?*

– Le pardon de Dieu est offert à tout homme, à condition qu'il regrette ses crimes et fasse tout ce qui est en son possible pour les réparer. Le pape Benoît XVI, après avoir publiquement reconnu la gravité de ces actes et interdit aux prêtres coupables de pratiquer leur ministère, ne les a pas jetés pour autant dans les ténèbres du désespoir : « **Ne désespérez pas de la miséricorde de Dieu !** », leur disait-il.

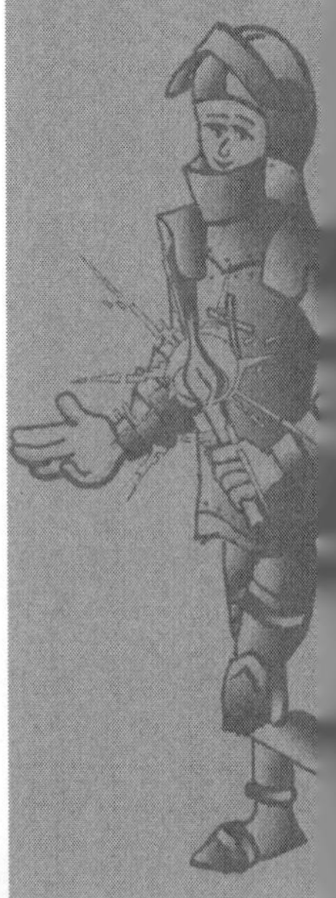

19. Réincarné en Naruto !

(classe 14-15 ans)

– On est plusieurs dans cette classe à croire à la réincarnation.

– C'est quoi la réincarnation ?

– Bon, on meurt et puis, tout de suite, on revit sous une nouvelle forme, un autre personnage. On ne disparaît jamais.

– En fait, si je comprends bien, tu ne meurs pas vraiment, tu es, en quelque sorte, **métamorphosé**, sans devoir quitter cette terre. Ton idée ne manque pas de bon sens. Vous aimeriez être réincarnés dans quel personnage ?

– (Les réponses fusent) En Naruto, dans la peau de Lady Gaga, de Christophe Maé, de Justin Bieber, Harry Potter, Superman...

– Si les Orientaux qui croient en la réincarnation vous entendaient, ils rigoleraient à gorge déployée. Pour un Hindou, par exemple, la réincarnation représente une phase de purification à cause des fautes commises dans la vie précédente, une sorte de **punition**, pour **se racheter**.

– Et pour celui qui est totalement clean ?

MOI, RÉINCARNÉ EN PRISONNIER, EN 1215, À CAUSE DE MES EXCÈS EN -36.
MOI, EN 36 AVANT J-C, CHEF DE 100 HOMMES.
MOI, EN 1613, CONSACRÉ À DIEU... ÇA VA MIEUX !
MOI, EN 1932, MAFIEUX.
MOI, ADO AUJOURD'HUI...
MOI, EN 1960, À CAUSE DE MON PASSÉ MAFIEUX.
JESUS SAUVE-MOI, J'EN AI MARRE !
JE TE SAUVE ET TE RESSUSCITERAI AU DERNIER JOUR !
SylVIE Niss

– Dans ce cas, il échappe au cycle des réincarnations, il entre dans le nirvana, un paradis de lumière. Un sage hindou explique sous quelle forme on peut renaître, en fonction des fautes commises : « En punition des péchés physiques, un homme renaîtra sous forme végétale ; pour les péchés de la parole, il prendra la forme d'un oiseau ou d'un quadrupède ; et, pour les péchés de la pensée, il vivra dans les conditions humaines les plus basses. » Comme vous le voyez, la réincarnation n'est pas l'aboutissement de vos rêves de grandeur, désolé ! Et puis, pas évident de changer de peau à chaque réincarnation... à se demander qui je suis réellement au bout de la chaîne : un végétal, un animal, un humain ?

– *Et qu'en pense Jésus ?*

– La différence est énorme. Par sa mort sur la croix, le Christ a pardonné nos péchés. Ainsi, au moment de notre mort, **il nous ressuscite** et nous pouvons entrer avec lui dans la lumière divine, définitivement. Nous restons nous-mêmes sans devoir changer de personnage. **Nul besoin** de revenir pour **se purifier**.

– *Trop facile !*

– Pas si facile que ça ! Encore faut-il regretter ses fautes pour être vraiment pardonné et accepter Jésus comme son sauveur. Autour de Jésus crucifié, il y avait deux autres condamnés à mort. L'un a refusé de reconnaître ses torts, tandis que l'autre, « le bon larron », a regretté ses péchés, il a demandé à Jésus de se souvenir de lui. Jésus lui répondit : « *Aujourd'hui même, tu seras avec moi dans le paradis !* » (Lc 23, 43.) Dans la vie comme dans la mort, nous restons toujours libres...

LES ADOLESCENTS SE FATIGUENT ET S'ÉPUISENT, LES JEUNES NE FONT QUE CHANCELER, MAIS CEUX QUI ESPÈRENT DANS LE SEIGNEUR RENOUVELLENT LEURS FORCES, ILS DÉPLOIENT LEURS AILES COMME DES AIGLES, ILS COURENT SANS S'ÉPUISER, ILS MARCHENT SANS SE FATIGUER. IS 40,30-31
LE VÉLO, C'EST LE CADEAU DE MA CONFIRMATION !
PFFFF...
L'ESPRIT-SAINT C'EST LE CADEAU DE MA CONFIRMATION !

20.

Vais-je demander la confirmation ?

(groupe, 14 ans)

agagement

sponsabilité

– Pourquoi souhaitez-vous demander le sacrement de la confirmation ?

– *Moi, c'est pour les cadeaux, hi, hi, hi ! mais aussi pour avoir un parrain à qui me confier... Moi, je n'ai pas le choix, mes parents me l'imposent... Je ne sais pas trop, peut-être parce que tout le monde fait cette démarche... J'ai été baptisé, donc, c'est normal que je sois confirmé, et puis, il faut être confirmé pour se marier à l'église, non ?... Quant à moi, j'ai décidé moi-même, vraiment sans contrainte, je désire simplement confirmer mon baptême... Je veux m'appuyer sur Dieu pour grandir et apprendre à faire les bons choix, pour ne pas me décourager trop vite... J'ai besoin de courage, surtout ces temps-ci, je ne sais plus où je nage... J'aimerais me rapprocher davantage de Dieu, mais je ne sais pas comment faire, alors, j'espère que ce sacrement va m'aider... Je veux recevoir une énergie nouvelle pour ma vie, j'aimerais faire confiance à Dieu, le considérer vraiment comme un ami... J'espère que l'Esprit Saint m'aidera à être plus responsable, j'ai souvent la tête en l'air... !*

– **Courage, force, amitié, énergie...** Voilà bien résumé ce que l'Esprit Saint veut faire fructifier en vous. Pour saint Paul, les fruits de l'Esprit Saint sont : *« l'amour, la joie, la paix, la patience, la bonté, la bienveillance, la fidélité, la douceur, la maîtrise de soi ».*

– *Ouah ! On reçoit vraiment tout ça ?*

– Pas si vite ! D'abord sous forme de semences à notre baptême. À la confirmation, l'Esprit Saint, tel un fort coup de chaleur, accélère leur croissance et leur maturité, à condition que vous soyez les jardiniers de votre âme.

– *Ah, comment ?*

– En cultivant votre **foi**, votre **désir de Dieu**, votre **amour** pour lui et pour votre prochain, en débroussaillant votre terrain des ronces du péché et de l'indifférence, de crainte d'étouffer les semences. Le sacrement ne portera ses fruits que si vous y mettez votre cœur, par une libre décision de votre part. Prenez une éponge et un caillou, puis plongez-les dans l'eau. Que se passera-t-il ?

– *L'éponge se gonfle d'eau, tandis que le caillou reste imperméable.*

– Bien vu. Alors que votre cœur ressemble à cette éponge, prêt à s'immerger dans l'Esprit Saint !

21. Dieu est sourd !

(groupe, 16 ans)

aller de l'avant

«

– *Dieu ne répond jamais à mes prières !*

– T'as des exemples, Claire ?

– *Je lui demande tout plein de choses : réussir un examen, la guérison de ma grand-mère, que je puisse mieux m'entendre avec mes parents… Et ça ne marche pas mieux !*

– *Pas tout à fait d'accord avec toi, Claire ! Moi, quand je prie, je sens toujours une force qui m'aide à vaincre mes peurs (Grégory).*

– Vos parents, exaucent-ils tous vos désirs ?

– *(Éclat de rire général) Là, faut pas rêver !*

– Et pourtant, ils vous aiment, pas vrai ?

– *Ouais, encore heureux ! Et pis, y z'ont pas intérêt à céder à toutes nos extravagances, sinon, ce serait le bronx !*

– Dieu, c'est pareil, il ne cède pas à tout et il sait pourquoi… Certainement cherche-t-il à booster votre sens des responsabilités face à votre destin, à vous pousser à trouver vos propres solutions, à vouloir que vous deveniez des **adultes soucieux des autres et engagés** dans le monde qui vous entoure. Oui, Grégory, tu as raison, quand on prie, Dieu est cette « force » que l'on ressent en nous, elle nous aide à aller de l'avant et éclaire nos réflexions. Dieu n'a pas guéri ta grand-mère, Claire, mais peut-être compte-t-il sur toi pour l'entourer d'amour et l'aider ainsi dans sa souffrance, avec

SEIGNEUR, J'AI BESOIN DE...
SEIGNEUR, JE TE DEMANDE QUE...
SEIGNEUR, FAIS QUE...
SEIGNEUR, DONNE-MOI...
SEIGNEUR, IL ME FAUT...
la bible
C'EST UN MESSAGE DU SEIGNEUR POUR MONSIEUR...
IL VEUT VOUS RENCONTRER PERSONNELLEMENT !
DITES-LUI QU
JE N'AI PAS L
TEMPS, JE SU
EN TRAIN DE
PRIER !
SylVIE Niss

a-bla-bla ?

la force qu'il te communique ? Lorsqu'on prie de tout son cœur, Dieu répond toujours, mais à sa manière : il donne l'**Esprit Saint** à ceux qui se tournent vers lui (lire Lc 11, 1-13). Et l'Esprit Saint, c'est Dieu lui-même en toi !

– *Ouais, mais ça ne résout pas nos problèmes !*

– Mais tu vas les résoudre toi-même, grâce à l'aide et à la lumière de l'Esprit-Saint. La prière, ce n'est pas la corde accrochée au ciel que tu tires de temps en temps lorsque tu as besoin, du genre : « Firmin, j'ai besoin de tes services ! »... « Dieu, j'ai besoin que tu fasses quelque chose pour moi, et tout de suite ! » Et après : « Ciao, Dieu, à la prochaine ! » Dieu est d'abord « Quelqu'un » qui t'invite à entrer en dialogue de confiance avec lui, à lui consacrer le temps que l'on consacre à un ami, tous les jours. Là, tu peux tout lui demander. Tu ne seras **jamais déçu**, puisque Dieu te donnera toujours Dieu...

Dialogue ?

TROP BEAU, MON TSHIRT ! MADE IN PARADISE ! GRIFFÉ DE CHEZ GODLOVE !
TU RAYONNES ! (MT 17, 1-8)
LÀ, MON GARS, ÇA DÉCHIRE !
SYLVIE NISS

22.

Les incroyants vont-ils au Ciel ?

(groupe, 16-17 ans)

– *C'est grave de ne pas croire en Dieu ?*

– Ce serait bien plus grave si Dieu nous laissait tomber. Il ne lâche personne, croyants ou incroyants. Comme le soleil illumine chaque brin d'herbe, Dieu **éclaire** tout homme, **sans distinction**.

– *C'est rassurant !*

– Tu peux compter sur lui, son amour est aussi fidèle qu'un lever de soleil.

– *Donc, qu'on croie ou non en lui, nous irons tous au paradis ?*

– Dieu veut sauver tous les hommes, à condition qu'ils accueillent son amour et en vivent du mieux possible. L'amour est éternel, nous dit saint Paul (1 Co 13), il ne passera jamais, tandis que dans l'au-delà, la foi ne sera plus nécessaire puisque nous verrons Dieu. Là où l'on s'aime, Dieu est déjà présent, puisque « *Dieu est amour* » (1 Jn 4, 8). L'amour est la porte du paradis, toujours ouverte, et Jésus en est la clef. Rappelez-vous la parole de l'Évangile : « *Tout ce que vous aurez fait au plus petit d'entre mes frères, c'est à moi que vous l'aurez fait !* » (Mt 25.) Sans amour, on n'y entre pas !

– *Alors, on peut aimer sans croire en Dieu ?*

– C'est possible, mais c'est encore **mieux de croire en lui**, puisque Dieu est la source et la force de notre amour, je dirais, il en est la « griffe ». Vous savez, lorsque vous achetez un pull de marque, vous contrôlez sa « griffe » (Nike, Adidas, Puma, etc.). L'amour humain sans Dieu, c'est un amour vite **limité**, qui se déchire rapidement, un amour « **dégriffé** ».

D'après vous, quels sont les avantages de la foi en Dieu ?

– *Ben... on n'est jamais seul, Dieu ne nous lâche pas, il nous console quand on est triste, ou lorsqu'on a été plaqué par notre copine, on peut se confier à lui...*

– C'est vrai. En vérité, on peut tout perdre : sa réputation, son boulot, ses amours, sa santé, sa mémoire, ses amis, sa vie ; la seule chose dont on est sûr, c'est que Dieu nous aime !

23.

Aller se confesser ?

(groupe, 17-18 ans)

*– Y en a toujours qui viennent vous raconter leurs conneries pour **se faire pardonner** ?*

– Mieux vaut les raconter que de les faire !

– Ha, ha, ha ! Est-ce qu'on peut demander le pardon par avance pour les conneries qu'on va commettre ?

– Peut-être que ça éviterait de les commettre, non ?

– Ouais, mais de toute façon, ça ne change pas le monde.

– Et si ça te changeait, toi ? N'êtes-vous pas « le monde » ?

– En vérité... Peut-être bien que ça me soulagerait de parler de mes conneries, je tire tellement de casseroles derrière moi...

ON A FAIT
TOUS LES EXAMENS,
VOUS ÊTES EN
PARFAITE SANTÉ !
JE PEUX TE DÉLIER
SI TU VEUX...
JN 20,21-23
JE CROIS QUE J'AI
BESOIN D'AUTRE CHOSE !
SYLVIE
NISS

– Oui, parler, se dire, se confier à quelqu'un fait du bien, mais le sacrement du pardon va encore plus loin qu'une confidence. C'est Dieu lui-même qui agit divinement à travers le prêtre, un rayon laser d'amour qui brûle tout germe de péché en nous et nous redonne la paix du cœur. Le pardon de Dieu détruit le **ver du remords** qui ronge **nos pensées**.

– Mais on ne pourrait pas se confesser directement à Dieu sans passer par le prêtre ?

«

– Prenons l'exemple d'un homme qui a des douleurs d'estomac. Au lieu d'aller chez un médecin, il va chercher sur Google la cause de ses symptômes, puis le traitement adéquat. C'est la grande mode. Ensuite, il commande ses propres médicaments sur une pharmacie « on line », plus que douteuse ! Imaginez la suite... Il aurait mieux valu rencontrer un médecin, pour être sûr.

– Donc, un prêtre, c'est un peu le toubib de nos âmes ?

– Le prêtre, lorsqu'il célèbre ce sacrement, ce sont les **mains** du médecin, ses **instruments**, sa **parole**, car le vrai toubib, ainsi que le traitement, c'est **Jésus lui-même.** À travers le prêtre, un dialogue s'instaure entre Jésus et vous, le diagnostic est sûr, et la certitude d'avoir été pardonné également.

– Et je peux lâcher mes casseroles...

JÉSUS, SOUVIENS-TOI DE MOI !
VIENS, N'AIE PAS PEUR, DÉPOSE TON FARDEAU !
MES CRIMES
SylVIE Niss

24.

Un pardon sans conditions ?

(groupe 17-18 ans)

– *Dieu pardonne-t-il aux grands criminels ?*

– Un enfant peut-il tuer l'amour que ses parents lui portent parce qu'il les a fait terriblement souffrir ?

– *Sans doute pas !*

– Dieu, qui nous aime d'un **amour parfait**, peut-il rejeter définitivement son enfant, celui qui a fait le plus de mal aux autres et, par ricochet, à son Cœur ?

– *Trop facile !*

– Pas si facile que ça ! Le pardon ne peut être accordé qu'à ceux qui regrettent du fond du cœur le mal qu'ils ont commis, ce qui exige une grande humilité de la part du fautif. Plus on a fait de mal, moins on est porté à le reconnaître, parce que se l'avouer à soi-même provoque un enfer intérieur insupportable. Dans l'Histoire, la plupart des grands criminels ont préféré oublier leurs crimes, refouler leurs horribles souvenirs, ou bien déclarer qu'ils n'étaient pas responsables, que c'était la faute du système.

– *On imagine... Comment accepter tant d'horreurs ? Ils restent des humains, malgré tout. Donc, sans regret, pas de pardon ?*

– Tu ne peux pas soigner une plante sans en traiter les racines. Le regret creuse en toi les souvenirs du passé, il en déterre les racines infectées par le péché. Celles-ci mises à nu, le pardon divin pénètre à l'intérieur, il neutralise l'infection et regonfle l'âme d'une nouvelle espérance. Dieu veut sauver tous les hommes, mais encore faut-il que chacun de nous le veuille… Le **regret** en est l'**expression**.

Je viens de voir une émission à la télé sur les aveux du terrible monsieur « Duch », directeur de la prison « S 21 », au Cambodge, où il a ordonné de torturer des dizaines de milliers de prisonniers, avant de les exécuter. C'était durant les années « Pol Pot » en 1975-1978. L'ancien bourreau a reconnu tous les faits. Rongé de remords, il a demandé pardon et imploré le pardon de tous. Enfermé à perpétuité, il vit un véritable enfer intérieur parce qu'il accepte de revenir sur son passé. Il se reconnaît dans le personnage du larron crucifié à la droite du Christ sur le Calvaire : « Comme lui, dit-il, je demande à Jésus de se souvenir de moi dans son Royaume. » Torturé, il espère que le Seigneur lui pardonne. Ce n'était pas la même chose lors du procès des bourreaux nazis en 1945-1946, à Nuremberg. Aucun remords sur leur visage, ni dans leurs paroles… Un orgueil de plomb, diabolique ! C'est terrible…

25. La vie après la mort

(groupe, 17 ans)

– *Le paradis, l'enfer, le purgatoire, ça existe toujours ?*

– Le **paradis**, c'est de **s'aimer**. Il commence sur la terre et s'épanouit dans l'au-delà. L'enfer, c'est de se haïr, il commence aussi ici-bas. Chacun choisit librement le ciel ou l'enfer, ce n'est pas Dieu qui nous y met. Lui veut nous sauver tous. Au moment de notre mort, Jésus nous suppliera d'entrer dans sa lumière et de nous confier à sa miséricorde.

– *Donc, y en a qui iront en enfer ?*

– C'est toujours une possibilité, oui. Celui qui a vécu toute sa vie en égoïste, se détournant du moindre petit acte d'amour, jusqu'à haïr Dieu, choisit l'enfer dès maintenant. L'arbre craque dans la direction où il a penché… Sauf si, au dernier moment, saisi par le regret, il demande pardon à Dieu. L'**enfer**, c'est le **non-amour**, la **mort éternelle** de l'âme.

– *Et le purgatoire ?*

– Imaginez vous retrouver en présence d'un être d'une sublime beauté, fou d'amour pour vous et tellement attirant… Franchement, son regard vous rend complètement dingue, vous aimeriez vous jeter dans ses bras. Malheureusement, vous constatez que de la boue colle à vos pieds, que vous êtes sales, vous puez, vos cheveux, gras de crasse, emprisonnent votre visage, votre peau est purulente… Qu'allez-vous faire ?

– Beurk, elle est crade cette histoire. J'sais pas trop... me relooker!

– C'est un peu ça. D'abord une douche, puis un bon désinfectant, des soins corporels. Mais le plus dur, c'est de devoir attendre... Cette souffrance, vous ne la supportez plus, tellement vous aimeriez être totalement dans la lumière. Le bon côté des choses, c'est que cette attente purifie votre amour, elle provoque en vous un immense désir d'aimer Dieu et d'être avec lui pour toujours. Voilà le purgatoire... Un instant de **purification**, une **salle de soins**, un temps pour s'adapter à la lumière de l'amour qui émane du Christ, juste le temps de relooker son âme et de la retourner vers Dieu.

lumière

ténèbres

choix

Mon enfant, entre dans ma lumière !
ENFER
Lumière trop violente ! Je préfère les ténèbres !
Je brûle d'impatience, Seigneur. Mais attends un peu, je dois m'habituer à la lumière et soigner mes blessures!
Sylvie Niss

moi »

adolescence

Moi, mes amours, mes emmerdes

humeur

émotions

ÇA FAIT LONGTEMPS QUE JE MATE C'TE MEUF !
QUEL LOOSER CE MEC !
S.O.S
KIT COMPLET POUR L'AMOUR
HEY, MEC, C'EST PEUT-ÊTRE PAR LÀ QU'ON DEVRAIT COMMENCER !
SYLVIE NISS

26. Un kit de l'amour ?

(classe, 14 ans)

– Ce matin, le « Planning familial » nous a donné un cours sur la sexualité. Maintenant, on connaît toutes les techniques et comment se protéger…

– C'est-à-dire ?

– Ben… qu'on peut passer à table (rire général) !

– Passer à table ?

– Oui, mais enfin, vous comprenez… avec sa meuf !

– Vous, vous avez déjà fait…

– Fait quoi ?

– Oui, enfin, l'amour ?

– Mais t'es barge ou quoi ! Les curés, y z'ont pas le droit !

– Fait l'amour ? Ça veut dire quoi ?

– Une relation avec une fille.

– Et après cette **fameuse relation** avec la fille, tu fais quoi ? **Ça s'arrête là ?**

– Ben, ça peut…

– Donc, ce n'est pas de l'amour, c'est plutôt se faire du bien à soi-même, non ? Passablement **égoïste**, tu ne crois pas ? Pour répondre à ta question, moi je donne beaucoup d'amour à un tas de gens et j'en reçois beaucoup, mon cœur est comblé. Et en plus, ma relation à Dieu me donne une sacrée joie de vivre. Tout ça, c'est de l'amour pur !

– Là, j'sais plus quoi répondre…

– Pas besoin... parce que tu m'as bien compris. Une chose est de connaître les techniques ainsi que toutes les préventions pour ne pas tomber malade, une autre est d'apprendre à aimer avec son cœur, ce qui prend beaucoup de temps et de délicatesse. **Pas besoin de kit** pour s'aimer, ni de gants, de tablier et de masque, mais simplement un **cœur aimant**, sensible et soucieux de la vie de l'autre... Il ne suffit pas de connaître les techniques de la circulation routière pour bien conduire une voiture, encore faut-il savoir où l'on va, sinon on tourne en rond...

27. Aimer, c'est attendre

(classe, 15-16 ans)

– Voici quatre objets : une boîte de conserve, du chocolat, une fleur en pot, un bocal de miel. À partir de chaque objet, essayez de me décrire ce qu'aimer veut dire.

– *Moi, je commence par la boîte de conserve. Souvent, j'aime comme un ouvre-boîte ! Par exemple, j'ai plusieurs filles en réserve et je me sers : tantôt l'une, tantôt l'autre.*

– Tes pauvres copines, tu les laisses en morceaux !

– *Moi, j'aime trop le chocolat ! Je peux dévorer une tablette entière.*

– Donc, aimer, c'est dévorer... Tu ne laisses à l'autre aucune chance d'exister. Tu rassasies tes sens, et rien de plus !

– *Pour moi, aimer, c'est comme cultiver cette fleur en pot. D'abord, il faut jeter la semence en terre, puis attendre longtemps avant que n'apparaisse la tige. Et enfin, quelle joie lorsque le bouton pointe au bout, puis s'épanouit.*

– Et là, tu la cueilles ?

– *Surtout pas ! Je la laisse telle quelle. Et tous les jours, je l'admire.*

– Aimer, c'est donc **attendre**, **prendre soin** de l'autre, **se réjouir** de ce qu'il devient, **le laisser être** ce qu'il est. Et puis, un jour, tu peux aussi transplanter la fleur, avec ses racines, dans un autre pot et le poser près de ton lit, pour qu'elle

MMMM... COMME JE T'AIME !
MAIS TU ES EN TRAIN DE ME DÉVORER LE COEUR !
SylVIE Niss

aimer

soit plus proche de toi. Aimer, c'est attendre que l'autre s'ouvre comme la fleur et offre son cœur librement, sans l'arracher et le consommer. Et le pot de miel ?

– *(Silence)*...

– Difficile ? Le miel, vous savez, c'est très sucré et ça colle...

– *Ah, j'ai trouvé ! C'est quand on est trop collé à sa copine, et puis un jour, ça pète, sans trop comprendre pourquoi. Et c'est la haine !*

– En plein dans le mille ! L'amour en pot de miel, c'est la relation des débuts. On est fou d'amour pour l'autre, on colle, on fusionne, tout baigne : « C'est dingue ce qu'on colle bien tous les deux, je m'accroche à toi, tu t'accroches à moi. Tu penses ce que je pense et je pense ce que tu penses. Je commence une phrase et toi, tu la finis... » Et puis un jour, voilà le premier désaccord et ça décolle brutalement : « Je ne supporte plus ça chez toi, tu m'énerves ! Tu veux toujours avoir raison, et puis, l'autre soir, tu m'as laissé tomber pour aller avec tes potes... ! »

– *Y sont allés* ***trop vite****. C'est* ***dangereux*** *de croire tout de suite au grand amour !*

– Quand on colle, on ne laisse plus l'autre respirer, il est devenu « ma » propriété. Peut-être faudrait-il prendre le temps de s'accepter différents ?

dévorer

ister

ÇA VA CHI
BOOOM

28.

Ça me monte à la tête !

(Kilian, 14 ans)

ttirance

– Chais pas ce qui m'arrive, j'suis follement amoureux. Mais le ***pire****, c'est que je suis* ***attiré*** *par un tas de filles à la fois. Je rêve de Chloé rencontrée la veille, et le lendemain, fini ! C'est Élodie qui m'attire. Deux jours après, c'est encore une autre, et une autre, et une autre… Je ne bosse plus bien à l'école !*

– Je vois que tu es perturbé !

– Oui, plus : ***électrisé*** *par ces meufs. Mes parents me disent que mon caractère a changé du tout au tout, que je suis devenu insupportable.*

– Ah, normal quand on est amoureux. À l'école primaire, tu tombais aussi amoureux ?

– Oui, de temps en temps, sans me prendre la tête. Maintenant, c'est devenu pire grave !

– Et, à part être électrisé ?

– Je bouillonne… à faire péter le couvercle. Et j'sais pas comment leur dire, à ces filles, je suis vachement gêné.

« bouillonne

– Eh bien, tu es un ado qui bouillonne de sentiments… Un besoin de peau, c'est-à-dire du corps et de la présence d'une fille. Tes sens sont mis à rude épreuve. Tout se mélange : sentiments, attraits physiques, besoins impulsifs… Et chez toi, c'est arrivé assez brutalement. Accueille simplement cette puissante **énergie de vie** sans trop te troubler et sois le **capitaine** de ton navire au milieu de la **tempête**, je veux dire : reste maître de toi sans t'agripper à ces beautés qui passent... Mais, dis-moi, en ce moment, qu'est-ce qui compte le plus pour toi dans ta vie ?

– *Ma bande de potes et mon club de foot.*

– Alors, surtout, ne délaisse pas tes copains, utilise ce regain d'énergie pour être avec eux, prends des initiatives, propose-leur toutes sortes d'activités cools et sympas. Et puis, défonce-toi dans le sport, sur le terrain de foot, fais péter ce couvercle en lieu sûr, sans faire de dégât ! **Donne du temps au temps** et, petit à petit, tu apprendras à **canaliser** et à bien gérer ce bouillonnement. Le jour viendra où ton cœur rencontrera la fille qui te correspondra.

29. Le cri du fauve, le cri du cœur…

(groupe, 16 ans)

coup de foudre

«

…ctrique

partage

– *Y a une différence entre* ***aimer*** *et* ***être amoureux****?*

– Décris-nous l'état amoureux, Grégory!

– *D'abord, le coup de foudre, le cœur bat à cent à l'heure, le sang me tape dans les tempes, je rêve d'être avec elle, de coller à sa peau, je m'endors en pensant à elle, et puis, y a toute la mécanique qui fonctionne, si vous voyez quoi…*

– Cela s'appelle un **puissant attrait sentimental et sexuel** qui rapproche l'homme et la femme dans le but d'unir deux personnes. Un élan, une pulsion de l'un vers l'autre, un appel, une force, une énergie qui envahit tout. Je dirais que c'est le cri du fauve! Le cri de l'instinct, le cri du corps. Et si, à ce moment-là, il y avait union sexuelle, ce serait quoi?

– *Deux fauves ensemble, rien de plus!*

– Et sans amour! Le fauve consomme sa proie… Cependant, ne l'oubliez pas, y a du fauve en nous! Dans ce cas, le partenaire est réduit à un pur objet de plaisir, à un chewing-gum craché lorsqu'il n'a plus de goût, un kleenex jeté sur le trottoir. Mais ce cri et ce besoin de consommer portent pourtant un désir très profond et très intime, celui du cœur, qui est d'aimer l'autre, de le respecter, de le faire exister, de l'entourer de tendresse, de l'accueillir avec ses défauts, ses qualités et ses différences. Le fauve fait main basse sur l'autre, tandis que

C'EST CREVANT D'ÊTRE TOUJOURS AMOUREUSE !
C'EST COOL CE JEU, ON SE DÉTEND BIEN !
SylVIE Nigg

l'amour se donne à l'autre, il le reçoit comme un cadeau de la vie. Un échange des cœurs, quoi !

– *Mais l'un n'empêche pas l'autre ?*

– D'accord avec vous. Seulement, chez l'humain, l'amour est le roi de la relation et le sexe, son serviteur.

– *Y sert à quoi, alors, ce serviteur ?*

– Il sert à l'union de deux personnes qui s'aiment dans leur cœur et dans leur chair. Donner son corps, c'est donner son cœur, c'est se donner et se recevoir l'un, l'autre. C'est le couronnement de l'amour. On ne bâtit pas une maison en commençant par le toit, mais en la posant sur des bases solides. Il en est de même pour la relation. L'amour construit des fondements solides qui s'achèvent par la communion des corps. Alors, expliquez-moi maintenant la différence entre aimer et être amoureux.

– *Ben, être amoureux, c'est être attiré vers quelqu'un, avec tout ce qui va avec, je veux dire, avec tout l'attirail sentimental et sexuel. Aimer, c'est créer une* ***vraie relation****, dans le* ***respect*** *et le* ***don de soi****.*

– Et ça prend du temps !

INTERDICTION
DANGER
À 16 ANS, ON EST LIBRE DE FAIRE CE QU'ON VEUT, AVEC QUI ON VEUT !
SylVIE Nigg

30.

prudence

patience

Liberté d'aimer !

(groupe, 17-18 ans)

– *À **dix-sept ans**, on est libre d'avoir des **rapports sexuels** avec qui on veut…*

–… Mais vous êtes aussi responsables de votre partenaire, responsables de l'entourer, de l'aimer, de lui prodiguer soin et tendresse, d'assumer une éventuelle vie qui pointe à l'horizon de votre amour ?

– *Ben, on se protège pour éviter un gamin !*

– Mettre des gants n'empêche pas les déceptions, les frustrations, la haine de s'être fait avoir, la solitude des lendemains qui déchantent… Dans quel état laisses-tu ton partenaire ?

– *Mais le sexe n'est qu'un instrument de la personne !*

–… Un instrument qui **cimente l'amour** entre deux personnes, et **donne la vie**. Ton corps, c'est aussi toi, tu ne peux séparer les deux. Ton corps n'est pas un vêtement que tu suspends un instant dans un couloir pour le reprendre ensuite. Le corps est partie prenante de la grande aventure de l'amour. Le plaisir sexuel seul envoûte, l'ivresse qu'il produit fait croire à l'amour, mais, en réalité, il détruit la relation. Libre, oui, mais non **irresponsable** de l'autre et de tes actes. La liberté sans la responsabilité est une liberté au service de nos caprices et besoins égoïstes. C'est comme si vous décidiez de conduire une voiture, en état d'ébriété, sans vous soucier des conséquences.

– Ce serait agir comme un robot qui n'obéit qu'à sa mécanique…

– Belle image. Et vous n'êtes le **jouet** ni de votre **mécanique**, ni de vos **pulsions**.

– Comment devenir responsable dans ce domaine alors que les modes, les pubs, les films, enfin tout nous pousse dans le sens contraire ?

– D'abord par une meilleure connaissance de soi-même, de l'amour, de la sexualité. Parlez-en entre vous, faites venir des personnes d'expérience, posez des questions, ne vous laissez pas avoir par les modes et la loi des plus forts. En apprenant la maîtrise de soi, de son corps, de ses habitudes. En demandant l'aide de Dieu… La prière, la méditation, apaise les passions… Les sacrements infusent les dons de l'Esprit : force, maîtrise de soi, amour, conseil, intelligence, sagesse…

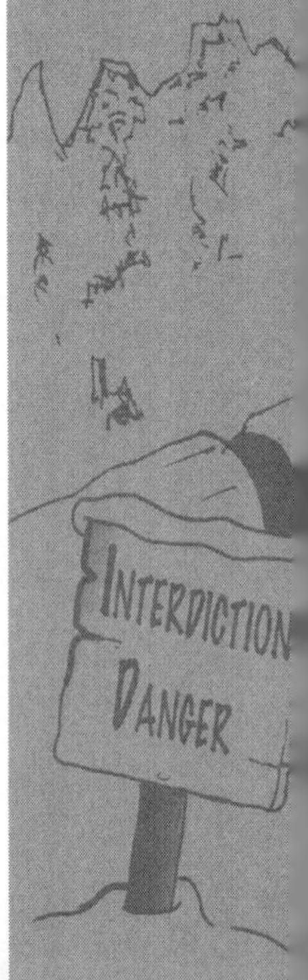

31. Garçons et filles, ça carbure pas pareil !

(groupe, 17 ans)

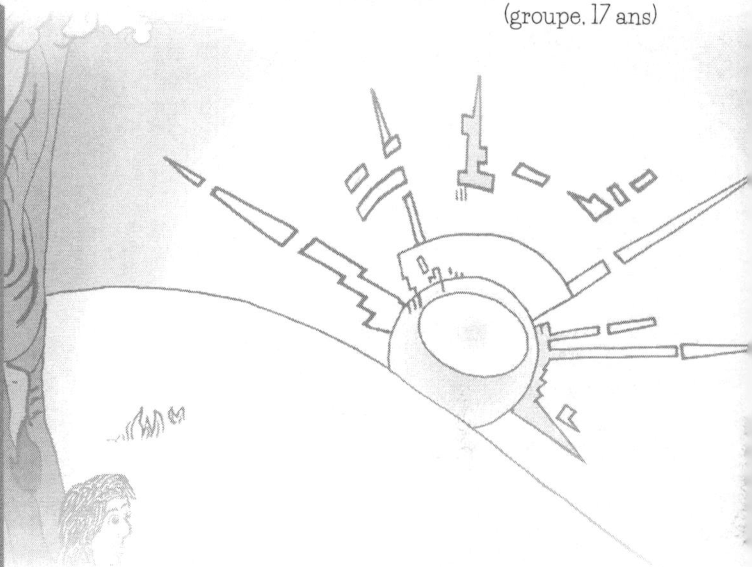

– Vous, les filles, qu'attendez-vous des garçons ?

– *Qu'ils nous aiment* ***franchement, avec délicatesse, sans profiter*** *de la situation... Moi, j'aime bien les garçons un peu rêveurs, poètes, romantiques, avec qui on peut parler de nos sentiments, de ce qu'on éprouve... Moi, j'ai besoin qu'on passe le plus de temps ensemble, bref, que l'amour ne soit pas que du bla-bla... T'as raison ! Moi, je voudrais passer des heures avec lui, qu'on se donne la main, sans plus... J'aimerais entendre souvent : « Je t'aime » ou « Tu vois, je t'ai écrit un poème »... La confiance, c'est la clef de l'amour... Un petit rien me fait tourner la tête : un sms, un coup de fil, un mail... Surtout, il ne doit pas aller trop vite avec ses avances, j'ai besoin de le connaître, de lui faire confiance, de me sentir en sécurité...*

QUE C'EST ROMANTIQUE ! C'EST TROP BEAU D'ÊTRE AVEC TOI... DEVANT CE BEAU COUCHER DE SOLEIL !
OUI, C'EST TROP BEAU CE COUCHER... AVEC TOI !
SYLVIE NISS

– Donc, pour vous les filles, ce qui est primordial, c'est la **tendresse**, l'**amour**, la **relation**, le **cœur**, quoi ! Et vous, les garçons ?

– ***Moi, c'est souvent le coup de foudre au premier regard d'une fille…*** *Et surtout si elle a un physique canon, tu ne penses plus qu'à ça, petit vicieux… ! Un jour, moi, je suis allé droit au but, je lui fais un petit bisou sans prévenir et là, je me suis pris une de ces baffes… ! Eh bien, ce n'était pas par là qu'il fallait commencer, bouffon !… Ce que ma copine ne comprend pas, c'est que je n'ai pas qu'elle dans la vie, il y a aussi les copains, merde ! Je ne peux plus passer une soirée seul avec mes potes sans qu'elle me fasse une crise de nerf… ! Moi, je suis plutôt du genre pratique, alors, le truc sentimental, faut pas que ça dure trop, ensuite, on doit bouger, faire quelque chose ensemble…*

– Donc, vous voyez les différences ! Vous, les garçons, allez sur la pointe des pieds avec les filles, écoutez ce qu'elles attendent de vous. Pour elles, la relation est primordiale. Ne laissez pas votre cheval s'emballer, ne jouez pas au conquérant. **Donnez du temps à l'amour**, sans les harceler avec vos envies ! Quant à vous, les filles, ne rêvez pas tout de suite au grand amour, ni au prince charmant, dès la première rencontre, méfiez-vous du baratin des garçons, testez-les pour savoir ce qu'ils ont réellement derrière la tête.

C'EST PARFAIT ! (GN 1,27)
PÈRE, NE VEUX-TU PAS EN RAJOUTER UNE COUCHE AU CAS OÙ LE TABLEAU SE FISSURERAIT ?
T'EN FAIS PAS, DES COULEURS, IL Y EN A EN ABONDANCE ET POUR L'ÉTERNITÉ ! (JN 3,34)
BLEU
ORANGE
JAUNE
MAGENTA
VERT
CYAN
ROSE
SylVIE Nigg

32.

Dieu

urce

conseil

Et Dieu dans tout ça ?

(groupe 17-18 ans)

– *Amour, être amoureux, aimer... et Dieu dans tout ça ?*

– **La Source !** D'où viennent ces torrents sauvages qui dévalent les pentes rocheuses pour s'unir enfin en un beau lac de montagne ? Du glacier, masse bleue et blanche qui scintille sous le soleil ! D'où vient l'amour, qu'il soit sauvage, pulsionnel, calme ou impétueux ? De Dieu, car Dieu est amour ! C'est la même eau, c'est le même amour.

– *Peut-on aimer sans Dieu ?*

– Le lit du torrent ne produit pas d'eau. Coupé du glacier, il tarit. L'amour est marqué par notre **égoïsme**, notre **péché**, nos **insatisfactions**, nos **attentes** trop grandes. L'autre ne pourra jamais nous donner ce à quoi notre cœur aspire. Et pourtant, notre cœur veut davantage, il a soif d'un amour total et sans faille, d'un amour qui n'aura jamais de fin, éternel. Et c'est là que Dieu se dévoile. Un saint, à la jeunesse tumultueuse, Augustin, s'exclama un jour : « Tu nous as faits pour toi, Seigneur, et notre cœur est sans repos tant qu'il ne demeure en toi ! »

– *Une chose est sûre, on n'est **jamais totalement comblé**. Y a des moments super cools et d'autres, super graves. En tous les cas, moi, je ne crois plus du tout au grand amour, genre prince charmant. Les mecs, y sont trop égoïstes !*

– Et pourtant, tu aspires à un grand amour ?

– Oui !

– Dans ton désir, se cache la réponse. Si tu creuses en toi, tu la trouves ; si tu cherches Dieu, il se dévoilera à ton cœur. Plus tu aimes tes amis ou ton copain, dans le respect et le don de toi-même, plus tu aimes Dieu, car tu fais sa volonté. **Et plus tu aimes Dieu en lui donnant une place dans ton cœur, plus tu aimes les autres. C'est le même amour finalement.** La Bible nous dit que la plus belle image de Dieu sur la terre, c'est un couple qui s'aime : « *À son image, homme et femme il les créa.* » (Genèse 1, 27)

– Comme un peintre qui se peint lui-même…

– Oui. Le Père, c'est le peintre, le pinceau, c'est le Fils (Jésus) et les couleurs, c'est le Saint-Esprit, l'Amour.

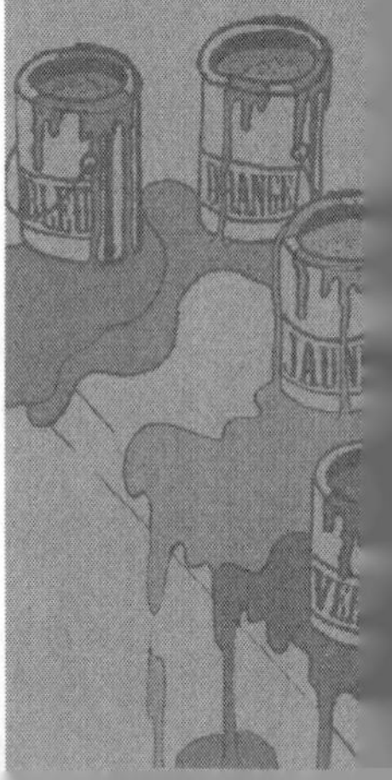

33. Dieu, rien à voir avec la sexualité ?

(groupe 18-20 ans)

désir

– Moi, j'entends dire partout que l'Église est contre le plaisir !...

–... Ce qui voudrait alors signifier que Dieu a créé quelque chose de mauvais dans l'homme ? Non, la sexualité a été voulue par Dieu, il n'y a rien de honteux. Tout dépend de la façon de la vivre...

– Moi, à seize ans, dans ma tête, je ne pensais qu'à ça... le sexe, le plaisir ! Une sorte d'amusement, pour me faire du bien. Aujourd'hui, je me dis que ma copine Karine, ce n'est pas un jouet. Je veux vivre avec elle quelque chose de fort, une vraie relation d'amour. C'est dans une vraie relation de confiance que le plaisir sexuel a du sens... C'est vrai que si on n'a que le sexe en tête, on s'isole des autres et, à la longue, on se lasse.

– La Bible ne dit pas autre chose : « Se désirer, s'attacher à l'autre et ne faire qu'une seule chair. » (Genèse) Saint Paul nous dit que nos corps sont le « ***Temple du Saint-Esprit*** » et « ***les membres du Christ*** » (1 Co 6, 15-19). C'est dire que Dieu est présent jusqu'au cœur même de cette sexualité où s'exprime l'amour !

– Donc, faut se connaître, s'aimer et, ensuite, au lit ! La bombe, quoi ! Mais comment résister jusque-là ? Le sexe, ça demande !

– Oui, c'est vrai, mais tu en es le Maître, non ? Une bombe... ça fait des dégâts. Il y a un moyen de la désamorcer ou, si tu veux, il existe une sorte

LA CHASTETÉ, C'EST PAS ÇA :
ALORS, QU'EST-CE QU'ON FAIT CE SOIR ?
ON POURRAIT ÉCOUTER DU MÉTAL !
LA CHASTETÉ, C'EST ÇA :
HIER, J'AI CANALISÉ MES ÉNERGIES POUR ALLER TE CUEILLIR CETTE ÉDELWEISS EN HAUTE MONTAGNE !
SI TU N'EXISTAIS PAS, EH BIEN, JE T'INVENTERAIS
SYLVIE NISS

de soupape de sécurité pour décompresser la machine, c'est la chasteté.

– *Chasser qui ?*

– J'explique. La force d'un torrent qui déborde peut détruire des villages entiers, tandis que cette même force, canalisée, peut faire tourner une turbine et fabriquer de l'énergie électrique. La chasteté est une attitude qui s'entraîne à la manière d'une discipline sportive, elle demande de gros d'efforts, mais, surtout, l'aide de Dieu.

La **chasteté**, c'est le **contraire** du sexe pour le sexe, du sexe qui **dévore** l'autre et détruit la relation. Des relations sexuelles précoces fabriquent le piège de l'amour. On croit s'aimer à cause de l'ivresse de l'étreinte, mais, en réalité, on se mélange sans se rencontrer, sans se donner réellement. La chasteté, qui vous fait rester sur votre faim physique, vous permet d'exister tels que vous êtes et de dévoiler, petit à petit, ce que vous avez au fond du cœur. C'est essentiellement une attitude du cœur ! Grâce à la chasteté, chacun se révèle tel qu'il est. La chasteté **canalise l'énergie sexuelle** et la détourne vers des **activités créatrices** : l'art, le sport, l'engagement dans une action humanitaire, etc. Humainement, la chasteté est une attitude héroïque, mais elle devient viable dans la foi en Dieu, dans la prière et la réception des sacrements.

don

JE SUIS UN CADEAU DU CIEL !
ET MOI, JE ME DONNE À TOI POU TOUJOURS !
JE BRÛLE D'AMOUR !
SylVIE Niss

34. Se marier à l'Église ?

(Julie, 18 ans)

– À quoi ça sert de se marier à l'Église ?

– **À boire ensemble à la même source**, celle de l'amour : Dieu.

– Plus concrètement, que voulez-vous dire ?

– Les couples qui s'aiment profondément sentent bien que leur amour les dépasse : pourquoi elle, pourquoi lui ? Pourquoi pas un autre, une autre ? Quelque chose s'est produit, un déclic, une attirance, une sorte d'aimantation de l'un vers l'autre. Quelqu'un serait-il présent derrière leur amour ?

– Oui, on peut l'interpréter ainsi, mais comment savoir qui est derrière ?

– La Bible vient à notre secours. Si Dieu est amour, il est en même temps cette force d'attraction entre deux personnes. Le **mariage** correspond alors à un **appel intérieur**, une **vocation divine**. J'entends parfois des fiancés me confier : « Lorsque j'ai rencontré Élodie pour la première fois, il y a eu un déclic dans mon cœur : j'ai su qu'elle serait la femme de ma vie ! » Même son de cloche pour Élodie vis-à-vis de Jean : « J'eus la certitude que Dieu nous avait conduits l'un vers l'autre. »

– Ils ont de la chance, ceux-là !

– Toi aussi, Julie, si tu écoutes ton cœur, alors tu trouveras ton chemin et, certainement, l'homme de ta vie. Ensuite, naturellement, ils éprouvent le besoin de remettre leur amour dans le cœur de

Dieu, par un **acte sacré**, en célébrant leur mariage à l'Église. Dieu leur donnera le pouvoir d'aimer d'un **amour fidèle** et **persévérant**, contre les tempêtes de la vie.

– *Ouais, logique, le coup de la source ! Branchée sur elle, leur relation restera claire, limpide, dépolluée.*

– Une dépollution du poison de l'égoïsme, des ressentiments, des amertumes provoquées par le frottement des différences et des divergences. Ils savent que Dieu s'est engagé lui aussi dans leur aventure. Ils pourront s'appuyer sur lui. Mais ils devront aussi y mettre du leur, bien sûr !

– *Si Dieu les a appelés, il ne s'en ira pas sur la pointe des pieds, à la moindre mésentente.*

– Oui, surtout qu'ils se sont reçus de Dieu, comme un cadeau. D'ailleurs, la formule qu'ils utilisent, le jour du mariage, dit tout, elle est magnifique : « Élodie, je te reçois comme épouse et je me donne à toi… Jean, je te reçois comme époux et je me donne à toi… » Tu vois, ils ne se prennent pas l'un l'autre comme une propriété, mais ils se reçoivent, comme un cadeau.

– *C'est géant ! Quelle force !*

35. Amour-prison ?

(Alex, 15 ans)

– Que pensez-vous de l'amour à quinze, seize ans ?

– Et toi ?

– À la fois, c'est ***super cool*** *d'être amoureux, et* ***super ennuyeux****. Je m'éloigne de mes potes, je ne suis plus moi-même, je n'ai que ça en tête, quand je ne vois pas ma copine, je souffre, on a toujours besoin d'être ensemble, et puis un jour, ça finit toujours par casser, on se sépare, c'est horrible. Et je me dis : « À partir d'aujourd'hui, tu te calmes ! » et je ne suis pas prêt à recommencer. Mais, en réalité, je recommence une semaine après…*

– Tu te laisses chaque fois avoir par tes sentiments, jusqu'à en perdre ta liberté, il me semble ?

– Je ne peux pas m'empêcher de craquer !

– Tu me fais penser à cette petite histoire de hérissons. Une nuit, sur un lac gelé, il faisait

C'est cool l'amour à 15 ans n'est-ce pas Églantine ?
Oui, cool Raoul ! Mais garde tes distances ! Tu ne vois pas que tu me piques ? Et en plus, tu as mauvaise haleine...
Sylvie Niss

assitude

édredon

«

lessure

tellement froid que deux hérissons s'enlacèrent l'un dans l'autre pour se réchauffer, fondus en une seule chair. Mais, plus ils se serrèrent, plus ils sentirent leurs aiguilles durcies par le froid leur pénétrer la chair. Blessés, ils s'éloignèrent instinctivement, comme les éclats d'une bombe. Or, le vent, de plus en plus mordant, les poussa à se rapprocher à nouveau, mais, cette fois-ci, ils évitèrent de se blesser : ni trop près, ni trop loin, pour bénéficier de la bonne chaleur. Et ils trouvèrent la bonne distance...

– Ça colle bien avec moi ! Je n'ai pas encore trouvé la bonne distance.

– Que signifie pour toi aimer à quinze ans, Alex ?

– Avoir besoin de quelqu'un qui m'aime, me fasse ***confiance****, me donne ce qui me manque, prenne soin de moi, me protège, me valorise...*

– Oui, mais ce n'est pas encore le grand amour, l'amour vrai, c'est-à-dire celui qui se donne à l'autre, qui l'accepte avec ses différences et ses défauts, un amour qui rend libre et ne fait pas de l'autre sa propriété, pour se protéger. À quinze ans, vous venez à peine de briser le cocon familial et vous avez froid, comme ces hérissons. Vous recherchez alors chez l'autre ce qui vous **manque**, une sorte d'édredon. Vous vous enfermez dans un nouveau cocon. Et puis, aux premières contradictions, vous êtes blessés et ça craque. Le grand amour, l'amour vrai attend... Il y a des **étapes** à passer. Vis donc à fond l'amitié, autant avec tes potes qu'avec tes copines. Garde les bonnes distances et ne te laisse pas entraîner par tes pulsions, de crainte d'être souvent déçu. Laisse mûrir le fruit. Celui qui croque dans un fruit vert se fait mal aux dents et à l'estomac.

BZZZZ, BZZZ...
BLA-BLA BLA.
MES POTES DISENT QUE J'AI CHANGÉ. NON, J'AI SIMPLEMENT ÉVOLUÉ ! JE DEVIENS LE KING DE MOI-MÊME !

36. Ma bande de potes et moi…

(Julien, 15 ans)

– T'es à l'aise dans ta bande ?

– Ouais, à condition de suivre les règles, de faire comme les autres.

– Quelles règles ?

– Ben, avoir des intérêts communs, par exemple regarder les mêmes films, écouter la même musique, s'habiller pareil, déconner pareil. Et puis, je trouve qu'on se comprend bien entre nous, on peut parler de choses qu'on n'ose pas dire aux parents. J'existe vraiment avec mes potes, tandis qu'à la maison, y a trop de règles, les parents sont trop derrière…

– Apparemment, tu quittes des règles pour en retrouver d'autres, non ?

– Ouais, mais là, on fait bloc ensemble, personne n'est exclu, tout le monde est d'accord avec les règles.

– Je comprends ton besoin de t'identifier à un groupe, à une « seconde » **famille** qui t'aide à entrer dans la société, lentement. C'est **sécurisant** d'avoir sa place, d'être reconnu.

– En fait, y a juste un truc qui cloche, c'est que mes potes, y déconnent tout le temps sur les meufs, y z'ont que ça en tête. Moi, j'y pense, mais ça ne me chauffe pas, je suis du genre plutôt timide. Alors, y me disent souvent : « Eh, le petit pédé ! », mais y savent que c'est pas vrai, c'est pour rigoler. Je me

suis dit : « Eh bien, je vais leur montrer que je suis un "King" moi aussi. » Tous les jours, pendant une semaine, je suis allé piquer des dizaines de DVD dans un supermarché, en trompant les caméras de surveillance. Les copains, y z'étaient sidérés : « T'es un vrai pro ! » Mais un jour, les keufs (police) sont descendus à la maison, un type m'avait dénoncé au gérant... J'ai compris que je ne pouvais pas continuer comme ça : soit je lâche la ***bande****, soit y faut* ***que je m'affirme plus****.*

– Là, t'es vraiment un « pro », le « King » de ta propre personnalité si tu décides de t'affirmer. Tu vas trouver ta place tout en restant toi-même, sans te laisser influencer. Tu connais la différence entre un crustacé et un vertébré ? Le crustacé, avec sa carapace, est dur au-dehors mais mou en dedans, tandis que le vertébré est fort au-dedans et mou au-dehors, c'est-à-dire flexible, capable de s'adapter. Apprends à devenir ce **vertébré**, en te confrontant aux autres. Plus tu vas t'affirmer, plus on te respectera. Et plus, tu auras confiance en toi...

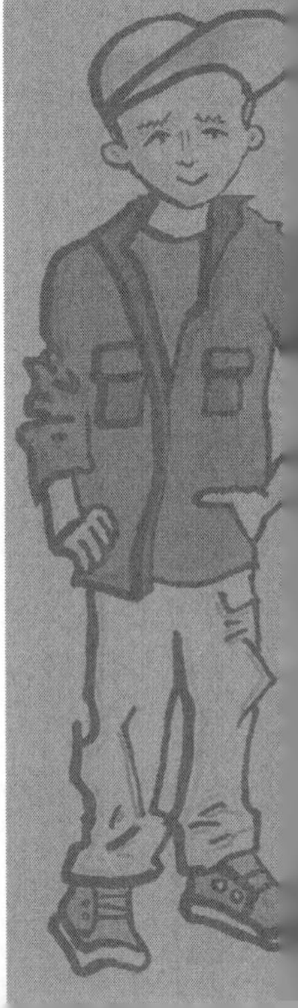

37. Sympathies et antipathies

(Anne, 17 ans)

– Si je n'éprouve pas forcément des atomes crochus avec quelqu'un, ça veut dire que je ne l'aime pas ?

– Tu veux dire quoi par « atomes crochus » ?

– C'est de bien s'entendre avec une personne, de sentir qu'on s'apprécie, qu'on a des goûts communs, tandis qu'avec d'autres, c'est le contraire : on s'évite.

– Et il arrive aussi que les situations s'inversent : ceux que l'on n'apprécie pas aujourd'hui peuvent devenir les grands amis de demain, et vice versa.

– Juste !

– Il faut du temps pour se connaître et dépasser les apparences et les premières impressions. Il y a des gens qui, dès le premier contact, nous paraissent sympathiques ou antipathiques et, naturellement, on se dirige vers les premiers. Sympathies ou antipathies, cela relève des sentiments que l'on éprouve : attirance ou répulsion, plaisir ou peur, joie ou haine, on ne sait pas toujours pourquoi... Les ados ressentent **fortement** leurs émotions. Le moindre petit sourire peut vous faire croire tout de suite au grand amour, tandis que la moindre parole dite de travers peut vous plonger dans des découragements ou des colères pas possibles.

– Je m'y reconnais tout à fait ! Moi, dès que je sens que j'ai de l'intérêt pour une personne et qu'elle m'aime, je m'attache à elle tout de suite, je lui dis tout de moi, je n'ai plus de secret. Plus encore si

CE GARS-LÀ,
VRAIMENT SUPERFICIEL
ET ANTIPATHIQUE !
SYLVIE
NISS

c'est un adulte. Mais, par la suite, je suis déçue, j'attendais trop de cette relation, je me sens trahie.

– Justement, émotions et sentiments peuvent nous jouer de vilains tours, si on n'y prend pas garde. Le ressenti que l'on éprouve en présence de telle ou telle personne n'est pas encore la réalité, mais l'idée qu'on s'en fait. On peut rapidement s'emballer pour quelqu'un, l'idéaliser et s'y attacher, ou bien, c'est le contraire. Il ne faut pas **juger** le fruit à l'écorce...

–... *Ou bien au vêtement... C'est la personne qui compte.*

ugement

– En effet, on peut se tromper. Chacun apprend à gérer ses sentiments pour ne pas se planter. C'est l'école de la vie. Tu peux donc aimer celui ou celle avec qui tu n'as pas d'atomes, simplement en la respectant, en évitant de la juger ou de lui vouloir du mal. Aimer, ce n'est pas d'abord se sentir bien avec quelqu'un, mais c'est vouloir être bon. Conclusion : on ne peut pas **s'entendre** avec tout le monde, mais il est possible de **respecter** tout le monde.

mépris

T'AS RANGÉ TA CHAMBRE ?
T'AS FAIT TES DEVOIRS ?
SAMEDI, T'ES COLLÉE !
T'AS VU, Y SONT TOUJOURS ENSEMBLE, CES DEUX-LÀ !
Y SONT NULS !
SANS TOI, JE NE LES SUPPORTERAIS PLUS !
NOTRE AMITIÉ NOUS SOUTIENT !
Y Z'ONT MÊME PAS D'IPHONE POU APPELER !

38.

L'amitié, une survie !

(Aude, 15 ans)

– *Que faire pour que l'amitié dure toujours entre deux personnes ?*

– C'est quoi l'amitié, pour toi, Aude ?

– *Une survie ! On nous met la pression partout : à l'école, en famille, au sport... On n'a plus le temps de souffler. Alors, je me réfugie dans l'amitié. Entre amis, on peut tout se dire, tout se confier, reprendre confiance en soi, être soi-même, respirer, quoi !*

– Oui, je comprends ton besoin, et qu'il soit vital. L'amitié ressemble à une partie de tennis : on se renvoie continuellement la balle, aucune des deux parties ne la garde pour elle, sinon, c'est la fin du match, la fin de la relation. L'**amitié** existe lorsque deux personnes sont **solidaires** : elles partagent leurs expériences, se confient l'une à l'autre, s'épaulent dans les difficultés, vivent des activités communes, etc.

– *Mais alors, pourquoi ça casse parfois violemment ?*

– À quel moment ?

– *Ben, parfois, les autres autour de nous sont jaloux, alors ils racontent n'importe quel mensonge pour nous casser. On peut aussi se brouiller pour pas grand-chose et se séparer définitivement. Dernièrement, ma meilleure amie m'a lâchée parce qu'elle m'a vu passer beaucoup de temps avec des copines qu'elle n'apprécie pas, comme si je l'avais trahie !*

– La vraie amitié **rend libre**. Elle se vérifie, se forge et s'approfondit autour des discordes, des points de vue différents ou opposés, ou lorsque s'y mêle le poison de la jalousie. La vraie amitié accepte que l'autre soit différent, sinon on le met en cage, on en fait sa propriété, on s'en sert pour son propre bien-être. Les conflits sont inévitables dans l'amitié, mais celle-ci les traverse ! L'amitié évolue en montagnes russes. T'as déjà vécu cette expérience ? Imagine, vous êtes deux dans le petit train, vous vous serrez fort la main. Et, hop, c'est parti ! C'est tellement impressionnant qu'à tout moment, vous avez l'impression d'être éjectés dans les airs, ou bien que l'autre a disparu. À l'arrivée, vous êtes toujours là, main dans la main. Ouf, on a eu peur pour rien. C'est la même chose dans l'amitié, on est souvent piégé par nos propres émotions : peur d'être abandonné, jalousie, colère... Mais la peur, ce n'est pas la réalité. Plus de peur que de mal !

– Donc, faut pas se laisser prendre la tête par ce que l'on ressent ou par les blabla des autres... L'amitié, c'est plus fort que ça !

39. Amour et amitié

(Florence, 18 ans)

– Quelle différence entre l'amitié et l'amour ?

– D'après toi ?

– Il me semble que les sentiments sont différents. Une attirance vertigineuse vers l'autre…

– Toutes les fibres de ton être vibrent au plus profond de toi-même, accompagnées du désir physique de l'autre, qui devient vraiment l'unique entre tous et, un jour peut-être, l'unique de ta vie. Cet amour s'ouvre sur de grands projets : **s'engager pour toujours** envers l'être aimé.

– Et le désir de fonder une famille ?

– Oui, tu as raison.

– Et l'amitié dans cette nouvelle relation ?

– L'amitié est le **noyau** de l'amour, elle le nourrit, elle veut le bien de l'autre, elle est don à l'autre,

C'EST EN FORGEANT QU'ON DEVIENT FORGERON. C'EST EN AIMANT QU'ON DEVIENT AIMANT.
LES MECS... TOUS LES MÊMES ! ON SAIT TRÈS BIEN CE QU'ILS VEULENT...
FAUX ! MOI, ÇA FAIT DES ANNÉES QUE JE FORGE, MARTÈLE ET PRÉPARE CE COEUR. IL EST POUR TOI !

elle ne cherche pas d'abord son bien-être personnel, etc. Durant l'adolescence, l'amitié est l'apprentissage de l'amour, elle prépare le cœur à l'amour, au choix décisif de celui ou celle qui deviendra l'homme ou la femme de sa vie. C'est pourquoi il est si important de **ne pas brûler les étapes** quand on est ado.

– *Donc, mieux vaut vivre des relations d'amitié le plus longtemps possible sans croire tout de suite au grand amour.*

– Oui, le véritable amour attend...

rSévérance

fidélité

TU ME TROUVES JOLI, ET TU VEUX ME METTRE EN CAGE ?
JE TE DEMANDE PARDON. J'AVAIS TELLEMENT PEUR DE TE PERDRE !
EH BIEN, JE TE PARDONNE... TU VAUX BIEN MIEUX QUE CETTE CAGE !
SYLVIE NISS

Faut-il toujours pardonner ?

(Alain, 18 ans)

– N'est-ce pas un signe de faiblesse de pardonner à tout le monde ?

– Le refus de pardonner nous rend encore plus faibles, plus vulnérables !

– Ah, ouais ?

– Dis-moi, comment te sens-tu lorsque quelqu'un t'a blessé injustement ?

– Mal ! Je rumine, je repasse continuellement la scène dans ma tête, je rage contre la personne…

– En effet, le poison que les autres nous ont fait avaler meurtrit le cœur, il distille la haine, le ressentiment, parfois la vengeance. Alors, tu **cultives** le **négatif**.

– Ouais, on est torturé. Mais comment s'en sortir ?

– Pas facile, je l'avoue. D'abord, il faut le temps de digérer, pour faire la part des choses, ensuite… Dans un conflit, personne n'est ni tout noir, ni tout blanc. Il y a toujours en chacun une part de bonté, capable de reprendre le dessus, de vaincre le mal. Notre cœur est fait pour aimer et non pour détruire. C'est la « marque de fabrique » du Créateur. Sache encore que **celui qui blesse se blesse aussi lui-même.** Bien souvent, nous blessons parce que nous-mêmes sommes blessés, nous avons pleins de peurs en nous. Pardonner, c'est tabler sur ce coin de lumière, une manière de dire à l'offenseur : « Tu sais, je crois que **tu es plus grand**

que le mal que tu m'as fait, c'est pourquoi, je te pardonne ! » Là, tu fais craquer bien des murailles.

– *Oui, je remarque que les jalousies font beaucoup de dégâts, la peur d'être exclu, mis à part, rejeté.*

– Et donc, d'être privé d'amour... Comprendre tout cela facilite le pardon. En fait, certaines violences ne sont que de maladroites demandes d'amour... Du côté de l'offensé, la démarche du pardon a une haute valeur de guérison : elle provoque en toi une sorte d'électrochoc d'énergies positives, qui évacue rancœurs et ressentiments, ce qui te permet aussi de regarder positivement l'offenseur. Dès lors, le négatif n'aura plus prise sur toi, tu seras réellement libre, par la suite.

– *Où trouver ces énergies positives ?*

– **En toi-même**. En te branchant sur **Dieu** aussi, **Source du pardon**.

– *Et si l'offenseur refuse le pardon ?*

– Alors, la balle est dans son camp, tu n'en es plus responsable. C'est toi qui restes le plus fort, tu as été vainqueur du mal par le bien. Peut-être te faudra-t-il aussi lui demander pardon pour ce qui n'a pas été juste dans ton attitude envers lui ?

adolescence

Ces questions qui te turlupinent

humeur

émotions

Tu sais, c'était mieux pour toi !
Je sais que tu nous as compris !
Facile à dire, mais moi, maintenant, je rame seul entre les deux !
SylVi Niss

41. Mes parents se séparent...

(Lionel, 15 ans)

– Mes parents se sont séparés dernièrement et je me sens coupable. Je me demande si j'ai fait quelque chose de mal ?

– Qu'est-ce qui te fait penser cela, Lionel ?

– Ben, ces derniers temps, j'avais une attitude déplorable avec eux, je leur criais dessus pour pas grand-chose. Ils me disaient souvent : « On ne te supporte plus ! »

– Tu sais, ce ne sont pas les humeurs changeantes des ados qui provoquent les séparations, mais bien les **conflits** entre les **conjoints** eux-mêmes.

– Ouais, mais j'sais pas, c'est comme si c'était un peu de ma faute, je le ressens comme ça. Eux, ils essaient de me rassurer en me disant que je n'ai rien à voir dans leurs histoires et que c'est aussi pour mon bien qu'ils se séparent... ça, chez moi, ça ne passe pas... « Pour mon bien ! » Je dirais plutôt : pour leur bien à eux d'abord ! Je me sens vraiment largué ! Alors, je préfère me taire et ne pas trop entrer dans leurs problèmes. Je ronge mon frein, tout seul, dans mon coin.

– C'est un moment très difficile pour toi... Où trouves-tu la force de tenir le coup en ce moment ? As-tu des personnes à qui te confier ?

– Oui, surtout à mes copains. J'en ai plusieurs qui ont vécu ce que je vis. Ils me disent que c'est horrible sur le moment, mais qu'ensuite, on devient fort et courageux parce qu'on doit chercher à

survivre seul. On devient adulte plus vite que les autres. Les parents, eux, ils trouvent rapidement des solutions, mais pour nous, dur, dur !

– Ce serait aussi bien que tu en parles à des adultes : un parent proche, un prof à l'école, ton parrain... En tous les cas, **ne reste pas seul** avec des problèmes que tu ne sais pas comment résoudre. Penses-tu que tes parents continuent de t'aimer malgré tout ?

– On verra à la longue, je me dis oui, pour me donner du courage. Moi, en tous les cas, même si je leur en veux, je continuerai à les aimer.

– Alors, essaie de travailler sur du positif, crois en cet amour toujours possible, malgré tout, accroche-toi, puise au fond de toi le courage et la force, et surtout, lorsque c'est trop dur, ne reste pas seul, **va trouver quelqu'un** !

– Oui, maintenant, le plus dur est passé, je veux aller de l'avant !

42. Mon pote est homo

(Jonas, 18 ans)

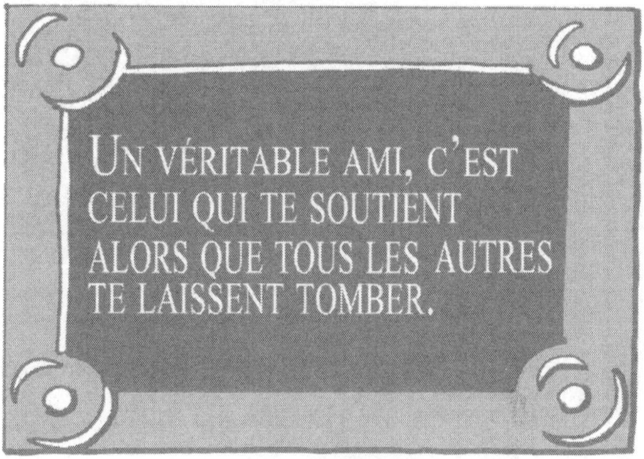

– Mon meilleur ami vient de lâcher le morceau : je suis homo. Quelle tuile ! Je n'en reviens pas. Et dire que, jusqu'ici, je n'y ai vu que du feu…

– Après la tuile, que ressens-tu aujourd'hui ?

– Mitigé. Au départ, j'avais envie de prendre mes distances, mais maintenant, je me dis que c'est son choix et je le respecte. Donc, ***rien ne doit changer*** *entre nous.*

– Penses-tu vraiment que c'est son choix ? Choisit-on son orientation sexuelle ?

– Bon, c'est une façon de dire les choses. Il m'a dit qu'il en souffrait beaucoup. Il se sent attiré par les garçons depuis l'âge de douze ans, c'est venu comme ça.

– À plus forte raison, reste près de lui et sois digne de l'immense confiance qu'il te fait en se confiant à

Un véritable ami, c'est celui qui te soutient alors que tous les autres te laissent tomber.
Tu sais, tu dois le savoir : je suis homo !
Eh bien, tu dois le savoir : je suis ton ami !

toi. Je pense qu'il a **vraiment besoin** de ton amitié puisque tu es certainement la première personne à qui il s'est ouvert. Lâcher un tel **secret**, c'est énorme ! Il peut enfin sortir d'un long isolement. Et ton attitude positive, de non-jugement, va le rassurer. Il pourra être lui-même, sans devoir jouer un rôle pour cacher son identité.

– *Et maintenant ?*

– Tu pourrais lui conseiller d'en parler à une personne compétente, qui pourrait l'aider à voir clair, à trouver son chemin.

– *En plus, il est chrétien, il dit que l'Église le rejette...*

– Ni Dieu ni l'Église ne le rejettent. Homo ou hétéro, nous sommes tous d'abord enfants de Dieu, c'est-à-dire pleinement aimés de lui. **Jésus** est venu principalement **pour ceux qui souffrent** et cherchent leur chemin, sans prétention. Si ton copain croit en Jésus, s'il lui fait suffisamment confiance, dis-lui de ne pas avoir peur. Jésus, qui lui-même est notre chemin, l'aidera à trouver le sien. Tout homme est tissé de l'amour même de Dieu, c'est notre marque de fabrique. « *Si je n'ai pas l'amour, dit saint Paul, je ne suis rien* » (1 Co 13) et, un jour, c'est cet amour-là qui nous jugera, et rien d'autre ! Alors, qui pourrait empêcher quelqu'un d'aimer ? Seulement, on peut blesser et se blesser en aimant, ou en croyant aimer. Ton copain souffre de son orientation sexuelle, il se pose la question : « Comment vais-je aimer ? » Pour plus de clarté, tu peux l'encourager à prendre contact avec un prêtre sensibilisé à cette question, ou auprès d'un chrétien engagé au service des jeunes, qui pourra l'aider à trouver son chemin...

On ne peut tomber plus bas que dans les bras de Dieu.
Sylvie Niss
inspiré d'un dessin d'Alain Auderset

43. Elle s'est enlevée la vie !

(Annick, 16 ans)

détresse

fuite

– Une fille de ma classe s'est suicidée, elle s'est jetée d'un pont. Pourtant, elle était joyeuse, un véritable boute-en-train. Je ne comprends pas...

– Tu sais, il y a la façade, ce que l'on veut bien montrer aux autres, et ce que l'on vit réellement au fond de soi.

– Mais peut-on afficher le contraire de ce que l'on vit ?

– Bien sûr ! Une manière aussi de nier son problème et de faire bonne figure.

– Mais comment peut-on choisir la mort si jeune ?

– En fait, un ado ne choisit jamais la mort, il cherche seulement le moyen de **fuir** une **souffrance** devenue **insupportable**. C'est ce que me dit un jour Marie, à la suite de son suicide raté : « Je ne voulais pas mourir, je voulais ne plus souffrir, vous comprenez, ne plus souffrir ? »

– Si je comprends bien, le suicide d'un ado n'est pas le même que celui d'un adulte ?

– En effet. Tout d'abord, il faut dire que l'acte même du **suicide** est un geste **impulsif**, **irréfléchi**. Soudainement, la souffrance devenant intolérable, je décide de foncer dans le mur. Un ado agit et réagit sur un gros coup de blues, sous la pression d'une émotion trop forte, et c'est l'irréparable. Par exemple : ma copine m'a quitté et c'est l'horreur, je suis victime d'exclusion, j'ai raté mes examens de fin d'année et je n'ose pas affronter mes parents, je

«

impulsivité

ne trouve pas ma place au milieu des autres, je me découvre homosexuel, etc.

– Et que faites-vous des tentatives ? N'est-ce pas un appel à l'aide ?

– Oui, bien sûr. Il y a bien plus de tentatives que de suicides réussis. On ne doit jamais **négliger** de prendre au sérieux la **tentative** d'un ado.

– Que dites-vous à un jeune qui vous avoue tout de go son projet de suicide ?

– Je cherche avec lui un autre chemin que le suicide pour apaiser sa souffrance, on en trouve toujours. Je lui rappelle aussi la gravité des conséquences de son acte, les souffrances injustes infligées à ses proches, les suicides en cascade qu'il entraîne derrière lui, car il faut savoir qu'un suicide est contagieux.

– Dieu va-t-il condamner celui ou celle qui s'est donné la mort ?

– Dieu veut sauver tous les hommes quelle que soit la gravité de ses actes. « On ne peut **tomber plus bas** que dans les **bras de Dieu** », dit sainte Thérèse de Lisieux, mais encore faut-il dire oui à l'amour de Dieu, accepter la main qu'il nous tend, que ce soit dans cette vie ou dans l'autre. Notre prière est importante pour les suicidés, elle les encourage à dire oui…

44. La peur de la différence

(Antoine, 16 ans)

oSer

– J'ai souvent peur de celui qui est trop différent de moi!

– Qui est ce «différent»?

– Les profs, les adultes en général, certains camarades, comme les meilleurs de la classe, les petits chefs, les leaders, les copains qui ont une copine alors que moi, je n'en ai pas. ***Là, je me sens nul.***

– Que ressens-tu en face d'eux?

– La peur. Je les fuis, les critique, me tais, me bloque en leur présence ou me soumets à leurs idées, sans oser broncher. J'aurais tendance à me venger sur les plus faibles, à me foutre d'eux. Dans toutes les classes, il y a toujours au moins un «souffre-douleur» sur qui on peut se défouler.

– Pas sympa pour lui! En fait, tu vacilles entre soumission et pouvoir.

– Ouais, on peut dire comme ça.

– Et toi, te sens-tu différent?

– Ben, on n'a pas tous les mêmes idées, les mêmes intérêts, mais je préfère ne rien dire et me couler dans le moule du groupe, pour ne pas être ridiculisé ou exclu. Là, au moins, on n'a pas d'histoires!

– Donc, il me semble que le vrai problème, c'est la **peur de t'affirmer**, la peur de ta propre différence, non?

JE SUIS LE SEUL ROUQUIN DE MA CLASSE.
ET TOUTES CES TACHES DE ROUSSEUR...!
Y EN A PAS DEUX COMME TOI.
TA DIFFÉRENCE EST UN
QUALITÉ ET UN
FORCE !

– *Ben, p't-être, oui !*

– Et ainsi, la peur d'être exclu, de ne pas être aimé... Tu sais, on a le droit de ne pas être d'accord avec tout le monde et de le dire. Un **désaccord** ne signifie pas le **rejet** de l'autre. Et c'est important d'apprendre à dire non, à partager ses points de vue.

– *Mais moi, ça me bloque trop !*

– Il n'est pas facile, quand on est ado, de s'accepter tel que l'on est, de penser qu'on a aussi de bonnes idées. On préfère être « comme tout le monde ». La différence fait peur, car être différent, c'est risquer d'être exclu et de rester seul, sans ami. Pouvoir **s'accepter tel que l'on est**, c'est le travail de toute une vie. Dans la vie, il faut se faire à l'idée qu'on sera accepté par certains et rejeté par d'autres. Plus on se sent bien avec soi-même et moins on a peur de la différence des autres.

– *Alors, comment faire ?*

– Prends le temps de grandir, de connaître tes goûts, tes qualités, tes désirs profonds, de partager tes idées avec des personnes de confiance. Et surtout, **ose** ! Ose dire non, ose dire tes opinions.

JE SUIS LE PLUS FORT, JE ME FAIS RESPECTER, JE BOXE !
MAIS, T'ES QUI, MEC ?
BEN, JE SUIS TOI, JE SUIS TES PROPRES PEURS !

45. Le souffre-douleur

(groupe, 16 ans)

– Dans toutes les écoles, y a un souffre-douleur, un gars qu'on n'aime pas, qu'on insulte et qu'on laisse de côté. Un faible, quoi ! Y a en un dans notre classe qui nous provoque tout le temps, alors tout le monde en profite pour lui gueuler dessus !

– Est-ce une question de différence ? D'après vous, quel est le portrait-robot du souffre-douleur ?

– Ben, par exemple, c'est un gars qui a intégré la classe en cours d'année... Un mec qui n'arrive pas à trouver sa place parmi nous... Un autre qui a dû redoubler l'année... L'emmerdeur de service qui va tout rapporter aux profs... Celui qui n'a pas d'amis... Un étranger qui ne parle pas bien le français... Un jeune qui a un handicap... Et carrément celui qui fait « chi... » tout le monde !

– Donc, une personne qui n'est pas bien dans sa peau, il me semble, quelqu'un de différent de vous, qui n'entre pas dans le moule. Peut-être vaudrait-il la peine de se demander **pourquoi** il réagit comme ça ?

– Ouais, ça pourrait nous aider, mais comment le changer ?

– Le changer, ou bien vous demander pourquoi sa différence vous dérange et vous rend agressifs ?

– Euh... parce qu'il n'est pas comme nous...

– Et toi, par exemple, comment aimerais-tu être ?

– Cool, fort, ami avec tous, sportif.

– Possèdes-tu toutes ces qualités ?

– *Euh… Euh… Enfin… non !*

– Alors, n'êtes-vous pas en train de vous battre contre vos propres peurs d'être faibles, d'être simplement **différents des autres** ?

– *Comment ?*

– Eh bien, dans le « souffre-douleur », vous voyez ce que vous ne voudriez pas être : faible, isolé, timide, sans amis, emmerdeur parfois. N'est-il pas le **miroir de vos propres peurs** ? Une façon de vous battre contre vous-mêmes ?

– *En fait, c'est un peu la même chose lorsqu'on rit discrètement de celui qui a eu la plus mauvaise note à une interro, sous-entendu : « Ce n'est pas moi le cancre ! »*

– C'est cela, la peur de ses faiblesses…

46. Soirée-défonce !

(Sarah, 17 ans)

– C'est la première fois que je suis allée à une « soirée-picole » ou, comme on dit, participer à une « biture-express » : boire le plus rapidement possible de l'alcool pour être saoul le plus vite possible. J'étais assez sidérée. Pour se défoncer et passer une bonne soirée, il faut se saouler un max, « se mettre minable ».

– Oui, c'est un phénomène qui tend à se répandre. À quoi tu attribues ce besoin d'ivresse ?

*– Ben, le **besoin de s'éclater**, de boire le plus pour être le « **King** » et pouvoir se vanter le lundi matin : « Tu sais combien j'ai bu samedi soir... ? » Et les autres s'emballent : « Ouah, c'est cool ! » Y a des bandes qui font que ça, c'est leur point commun !*

– Si je comprends bien, c'est la course contre la montre et le plus saoul a gagné ?

– Oui, s'il ne finit pas à l'hôpital.

– Outre le besoin d'être le « King », ce point commun ne cache-t-il pas une **souffrance** personnelle, un **vide** intérieur, un besoin de « s'éclater » pour **fuir**, une sorte de soupape de sécurité ?

– Oui, peut-être bien... Mais c'est surtout une manière de se prouver à soi-même et aux autres qu'on est adulte, en surfant sur les extrêmes. Et puis, quand on a bu, la timidité disparaît, on peut dire tout haut ce que l'on pense. Beaucoup disent : « Je bois juste pour être bien ! »

QUELLE HONTE !
VOILÀ CE QUI ARRIVE QUAND ON N'A PAS REÇU D'ÉDUCATION !
MAIS, HIC, MAMAN, C'EST MOI, HIC !
MADAME, C'EST VOTRE FILS !
POLICE
POLICE

vide

stress

«

– Mais la sensation de ce « bien-être » passée, bonjour les dégâts : vomissements, maux de tête, gueule de bois, angoisse, etc. Ce « bien » nous détruit, au final. Comment et où trouver un « bien commun » qui construit la personnalité tout en favorisant les échanges entre les jeunes ?

– *Ça, c'est du* ***rêve*** *! Regardez, tout pousse les jeunes à boire : les pubs, le stress, la pression sociale, l'entraînement des autres, la peur d'être différent...*

– Ce qui veut dire alors que les jeunes fonctionnent comme des automates, de manière irresponsable, soumis à la **pression** des autres ?

– *Je ne sais pas. Mais il faudrait qu'avant tout, les adultes interviennent sur tous ces messages qui abîment les jeunes, les induisent en erreur et leur donnent l'occasion de se rencontrer sainement, en organisant des débats, des activités, des rencontres, des sorties, etc.*

– Tu as raison, Sarah, nous sommes en présence d'un grave problème social, avec, certainement, un glissement vers le laxisme et la perte des valeurs. Mais toujours est-il que ce « bien » pour « être » et exister se trouve d'abord en toi, dans ton cœur. C'est là que tu puises la force et le courage de t'affirmer, et non dans l'alcool.

– *Peut-être aussi avons-nous laissé Dieu de côté ?*

dégoût

AH, JE VOYAIS BIEN QUE TU MANQUAIS DE DOUCEUR, JULOT !
REMUE TON CAFÉ ET SOIS AIMABLE, JULIETTE !
SUCRE HYPER VITAMINÉ POUR UNE LONGUE DURÉE

47.

Aimer toute sa vie, est-ce possible ?

(groupe, 17-18 ans)

tenir

être inventif

«

réativité

– Peut-on ***croire au grand amour****, à celui qui dure toute la vie, avec la même personne ?*

– Qu'en pensez-vous ?

– Ben... quand on voit tous les divorces, ça fait peur de s'engager, c'est pratiquement impossible qu'un amour dure toute la vie.

– Pourtant, cet amour-là existe... Bien des vieux couples en sont témoins, après cinquante, soixante, voire soixante-dix ans de mariage ! Voudriez-vous dire à votre futur conjoint : « Moi, je t'aime, mais c'est juste pour un mois ou une année, ou pour vingt ans ? »

– Alors, pas la peine de se marier. Pour moi, le mariage, c'est pour toute la vie !

– Tu as raison ! Tu ne fais qu'exprimer le vœu inscrit dans le cœur de chacun : l'amour est fait pour **durer éternellement**. Un philosophe, Gabriel Marcel, dit ceci : « Aimer, c'est dire à l'autre : tu ne mourras pas ! » Ni la mort, ni la séparation ou l'éloignement physique ne peuvent réussir à éteindre l'amour d'un couple.

– Mais l'amour, ça évolue, ça se casse la gueule, ça change. Dire : « Je t'aimerai pour toujours », ce n'est pas un mot magique ni une assurance tous risques !

– En effet. L'amour n'est pas un comprimé effervescent qui fuse tranquillement au sein du couple, pour donner du bon goût à la vie. On pourrait le comparer plutôt au sucre amassé au fond de la tasse de café, qui doit être remué, pour ôter l'amertume du café, et...

–... *Ah, cool la comparaison ! L'amour en nous... comme du sucre, et il ne faut pas le laisser au fond, inactif !*

– C'est cela. Il faut juste bien le « remuer » pour le faire passer dans la vie du couple, par des gestes et des attitudes qui s'appellent : la **fidélité** au quotidien, la **confiance**, le souci de l'autre, le **dialogue**, l'acceptation des défauts de l'autre, le **pardon**, les mille petites attentions qui valorisent chacun, les encouragements, la vigilance, la recherche du bien commun avant le sien propre, etc. Mais il y a encore un autre stimulant de l'amour du couple. D'après vous ?

– ***Dieu, pardi !*** *Dieu, « le sucrier, les vitamines » ?*

– Pas mal aussi, l'image ! Si Dieu est la source de l'amour, Lui aussi attend, en quelque sorte, d'être « remué » tous les jours par la foi, la prière et la confiance, pour éviter que le couple ne s'affadisse ou ne se retrouve en carence d'amour.

– *Ouais, c'est comme j'ai dit : Dieu, « le sucrier, les vitamines... »*

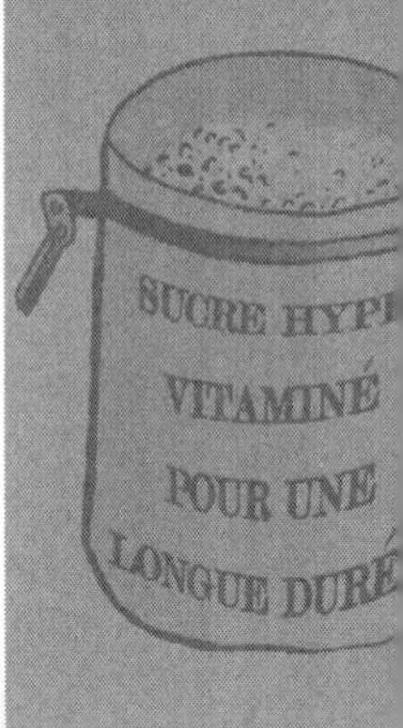

48. Violence à l'école !

(classe, 15 ans)

– *Que faire face à la violence et au racket ?*

– Vous devez savoir que la violence est toujours un signe d'**impuissance**, de **faiblesse**, et l'expression d'un **mal de vivre**, d'une **insécurité** personnelle. D'après vous, pourquoi peut-on verser dans la violence ?

– *Parce qu'on a subi soi-même la violence des autres... Certains ont manqué d'amour en famille, ils se sont senti rejetés... Ou bien les parents les ont tout laissé faire, ils ne se sont pas occupés d'eux, alors, ils ne supportent plus les autres... Peut-être qu'ils éprouvent tout simplement le plaisir de faire souffrir, de se venger sur des plus faibles...*

– Je pense que vous avez raison. À la base, il y a certainement un manque d'amour familial, un événement traumatisant, des règles qui ont manqué, et l'agressivité a pris le dessus. Le manque d'amour blesse, fait souffrir et provoque chez ces ados un fort sentiment d'insécurité. **Souffrant eux-mêmes, ils font souffrir les autres.** N'ayant pas pu exister par l'amour, ils tentent d'exister par la violence : « Je suis capable de faire peur, donc j'existe, je suis quelqu'un. »

– *Une sorte de vengeance, quoi ! C'est toujours intéressant de comprendre... Mais que faire lorsqu'un jeune ou un groupe de jeunes vous guette au coin d'une rue, prêt à débouler sur vous ?*

– Qu'en pensez-vous ?

FILE-MOI 50 EUROS !
JE LUI FAIS PEUR, DONC, J'EXISTE !
VITE, LE BON MOT QU DÉSAMORCE LA VIOLENCE !
VOLONTIERS, MEC ! ATTENDS ICI. JE COURS CHEZ MES PARENTS, CHEZ MON PROF, UN DÉTOU PAR LA POLICE, JE LEUR EN PARLE ET J TE RAMÈNE 150 EUROS!

– Ben moi, je change de rue, je détale à grandes enjambées.

– Et si vous vous retrouvez nez à nez ?

– Là, faut pas chercher la provoque… Moi, je baisse la tête et file tout droit. Ou bien alors, je trouve la bonne phrase qui désamorce la bombe…

– Et surtout, rester calme… Si ça tourne mal, n'hésitez pas à en parler à vos parents, à un prof, à un médiateur, qui, à leur tour, feront appel à la police, si nécessaire. Il ne faut jamais garder le silence, surtout si vous êtes rackettés. Dites-vous bien qu'au bout du compte, ils ne seront **jamais plus forts que vous**, ils essaient juste de vous impressionner. Que pouvez-vous faire ensemble ?

– En parler entre nous, à l'école, pour trouver comment faire… Comment comprendre, comment réagir le moins mal possible…

provoc

maîtrise

LA CLEF DE LA CONFIANCE EN MOI, C'EST L'AMOUR DE MES PARENTS !
J'EN AI MARRE D'ÊTRE MANIPULÉ PAR LES AUTRES !
MOI, DIEU, JE T'AIME AUSSI !

49.

La confiance en soi

(Julien, 16 ans)

– Je trouve que le plus dur, c'est de ne pas savoir qui l'on est et de trop dépendre de l'opinion des autres.

– Pourtant, Julien, tu sais ce que tu as envie au fond de toi, pas vrai ?

– Oui, mais je doute de moi. Je trouve que les autres ont toujours de meilleures idées que les miennes. Alors, j'aurais tendance à suivre n'importe qui, juste pour ne pas être isolé, seul dans mon coin.

– En fait, tu manques de confiance en toi. La confiance en soi ne dépend pas de l'approbation ou de la désapprobation des autres, mais de ce que **toi**, tu veux au plus **profond de ton cœur.** Dans le fond, tu sais très bien ce qui est bien ou mal, juste ou faux.

– C'est vrai. Mais, parfois, je n'ai pas le courage de résister, je dis oui alors que je pense non. Comment faire pour avoir confiance en soi ?

– Cela commence quand on est tout petit. C'est d'abord l'amour de ma maman qui me fait exister et croire en moi, c'est-à-dire croire en mes valeurs. Son amour me donne de m'accepter et de m'aimer tel que je suis. L'amour maternel agit comme le soleil et la pluie sur la plante, la faisant croître. Ensuite, l'amour du papa vient renforcer la confiance en soi, en ce sens qu'il m'encourage à agir, à m'exprimer, à sortir de moi-même, à me frotter au monde, à combattre. Il me donne une solidité, une « colonne vertébrale », pour tenir debout et ne pas crouler à la moindre tempête. On pourrait le comparer au tuteur qui soutient la plante pour éviter qu'elle ne casse.

– *Et qu'en est-il de ceux qui n'ont pas reçu l'amour de leurs parents ?*

– Bonne question, Julien. En fait, tout ne dépend pas des parents, mais aussi de Dieu. Dieu est celui qui m'a **voulu, aimé** et **formé** dans le ventre de ma mère. Son amour est puissant, capable de guérir mes manques d'amour, mes blessures d'amour. Il est semblable au jardinier qui a mis la plante en terre et s'en occupe tout au long de sa vie. Je te cite deux paroles de la Bible qui nous disent bien l'amour à la fois maternel et paternel de Dieu : « *Avant même de te former dans le ventre de ta mère, je t'ai connu (et aimé)... Et je fais de toi une ville fortifiée, une colonne de fer.* » (Jr 1, 5.18) Et encore : « *J'étais pour eux comme ceux qui soulèvent un nourrisson tout contre leur joue, je m'inclinais vers lui et le faisais manger.* » (Os 11)

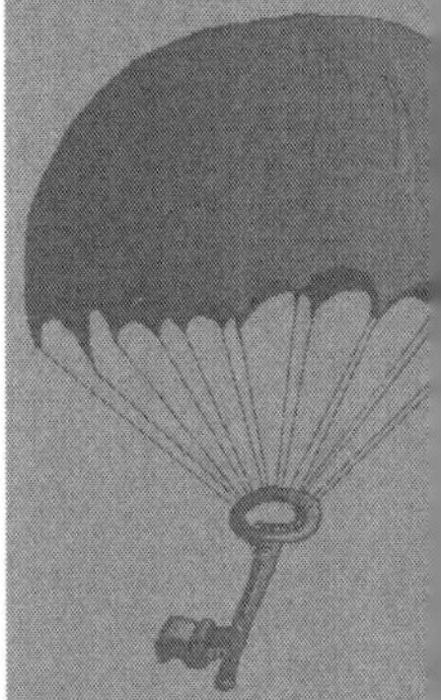

– *En fait, la* ***foi*** *peut m'aider à avoir* ***confiance en moi...***

– Bien sûr, car Dieu t'aime ; tu trouves dans son amour la force de croire en toi et la lumière qui t'aide à faire les bons choix.

50. Curé, quel drôle de job !

(classe, 15 ans)

– Pourquoi vous avez choisi ce job ? Vous êtes toujours seul et puis, y a presque personne dans les églises !

– Vous savez, nul n'échappe à la solitude, elle pèse sur moi, sur vous et même sur un couple. Dans la vie, on ne choisit pas d'abord de vivre seul ou ensemble, **on choisit d'aimer**. Et aimer implique des risques, des déceptions, des ruptures parfois. Aimer nous engage dans un grand combat contre nos égoïsmes et nos tendances à vouloir toujours occuper toute la place.

– Mais alors, vous aimez qui ?

– D'abord, je dois vous dire que je n'ai pas choisi le métier de prêtre, mais c'est plutôt Dieu qui m'a choisi, appelé. Enfant déjà, je sentais son amour dans mon cœur, je percevais sa présence dans la nature. Dieu était continuellement à mes côtés, à

JE SUIS LE CHEMIN LA VERITE ET LA VIE JN 14,6
MAIS, MONSIEUR LE CUR ON A PEINE À VOUS SUIVRE !
ÊTRE PRÊTRE, C'EST TRÈS SPORT !

fou d'amour

«

ntraîner

leader

tel point qu'un jour, j'ai décidé de lui donner toute ma vie, de ne vivre que pour lui. Ma **vocation**, c'est d'abord une **belle histoire d'amour !**

– *Comme entre un homme et une femme ?*

– Il y a bien sûr une ressemblance, à part que Dieu, je ne le vois pas. Mais son amour pour moi est tellement puissant que je n'ai jamais regretté mon engagement vis-à-vis de lui.

– *Et après, disons, euh, ce mariage avec Dieu ?*

– Lorsqu'on est fou d'amour pour quelqu'un, on a envie d'en parler, de le partager avec d'autres, en d'autres termes, de l'annoncer au monde. Notre monde est blessé, il a tellement **besoin d'amour et de miséricorde**. Il a tellement besoin de Dieu. Dieu agit comme un médecin qui soigne nos blessures d'amour, qui nous remet debout quand on a chuté et qu'on est déçu de soi-même, il nous offre un avenir toujours nouveau, plein d'espérance. Je crois que Dieu est la réponse à toutes les détresses du monde, pour tous ceux et celles qui ont soif d'absolu.

– *Donc, toujours heureux ?*

–Dieu est le bonheur, mais un bonheur qui se donne goutte à goutte, au fur et à mesure de notre confiance en lui. Bien sûr, j'ai aussi mes moments de déception, je connais l'angoisse, les peurs, l'isolement, les tentations. Mais **Dieu me rassure**, il est **plus grand que mes peurs**. Reprendre le chemin, lui refaire continuellement confiance, se confronter aux autres, essuyer des tonnes de critiques, c'est aussi très sport !

DIS, PAPA, QUAND J'ÉTAIS ADO, J'ÉTAIS COMMENT ?
BEN, T'AS JUSTE 30 ANS DE PLUS !
PAS DE SOUCIS, PAPY, À LA MAISON, C'EST MOI QUI METS LES RÈGLES !
SYLVIE NISS

51. Parents d'ados, mais pas parents idiots !

(parents)

papa

maman

oujours

prentis
ados

– Nous, on a beaucoup aimé ce que vous écrivez, on s'y retrouve bien !

– Y a-t-il eu des passages encourageants ?

– Oui, moi, par exemple, j'ai mieux compris que derrière ses airs désinvoltes et agressifs, notre enfant a besoin de nous...

– **Et surtout de votre amour !**

– C'est vrai que ça, ce n'est pas évident du tout ! C'est le plus dur à comprendre. Parfois, on se décourage en pensant : « Eh bien, moins on s'en occupe et mieux on se porte. Qu'il assume lui-même ses bêtises et ses contradictions ! »

– Et pourtant, c'est tout le contraire. Combattre avec lui et, souvent, contre ses idées, c'est aussi le forcer à se positionner, à trouver son chemin. Ne dit-on pas que, pour **se poser**, il faille **s'opposer** ?

– Oui, il faut trouver d'autres formes pour les rejoindre, être attentifs à ce qu'ils font, ne jamais les quitter du coin de l'œil, mais discrètement, tout en leur faisant croire qu'on leur fait totalement confiance. En tous les cas, ***ne jamais relâcher les limites****, cela, je l'ai bien compris. Une autre chose difficile à accepter, c'est que nos ados se confient à d'autres, en dehors de la famille...*

– Normal, non ? C'est ainsi qu'ils apprennent à tracer leur propre chemin dans la société, aussi en dehors de la famille.

– Moi, je crois qu'on oublie qu'on a été aussi des ados ! En tous les cas, mes parents me disent que je leur en ai fait voir de toutes les couleurs ! Moi, comme papa, je réalise que je ne trouve plus les mots pour aborder mon fils, je me sens comme désemparé. Je retiens l'idée de la pizza, mais sans lui demander du boulot ! Surtout, nos ados ont besoin qu'on leur consacre du ***temps*** *et qu'on soit* ***vraiment là****, quand ils en ont* ***besoin****.*

– Pour conclure cette discussion, je vous cite le « doux reproche » de Marie à son fils Jésus, lorsque, avec Joseph, ils le retrouvent au temple de Jérusalem, après l'avoir cherché pendant trois jours : « *Mon enfant, pourquoi nous as-tu fait cela, vois, ton père et moi, nous te cherchions, tout angoissés !* » Eux aussi ont dû passer par une rupture avec Jésus, qui a fait mal, séparation pourtant nécessaire, car elle a permis à Jésus, ado, de s'émanciper afin de répondre à sa vocation d'être « *aux affaires du Père* » (cf. Lc 2, 41-52), ce qui ne l'a toutefois pas empêché de suivre ses parents et de « leur être soumis ». Que Marie et Joseph vous consolent et vous aident à trouver le juste chemin pour rejoindre vos ados !

« Parents, écoutez ce que je ne dis pas ! »

En feuilletant mon manuscrit, quelqu'un s'est écrié : « Ah, bon ? Ils raisonnent aussi bien que ça, nos ados ? » Ben oui, pas si idiots que ça, nos ados ! Pris entre les méandres de leurs émotions explosives, de leurs coups de gueule et de leurs coups de blues, dégagés de leurs attitudes désinvoltes et rebelles… dès qu'ils sont accueillis dans la confiance « d'un cœur qui écoute », ils ont beaucoup à nous dire. En côtoyant les ados, je voulais me faire leur porte-parole, sans mettre de la pommade sur la rudesse de leurs interpellations. Nos ados sont réalistes dans les questions qu'ils posent, ils ne mettent pas des gants. Ils disent tout haut ce que les adultes pensent tout bas, sans nuance. Ils vont droit à l'essentiel, sans détour. Ils stigmatisent nos incohérences, ils nous provoquent à la réflexion, nous forçant à nous positionner, ils percutent nos théories bien huilées, ils attendent des faits, des preuves, des témoignages authentiques. Ce livre voulait jouer le rôle d'indicateur de leurs états d'âme, des peurs que suscite leur devenir adulte, de ces moments de solitude et d'angoisse qu'ils traversent sous la poussée de leur métamorphose, de ce besoin inouï d'être aimés et valorisés qui se camoufle derrière la fragilité de leur blindage et la dureté des mots. Ils attendent que vous les compreniez, vous, leurs parents, que vous entendiez ce qu'ils n'arrivent pas à dire… Ils réclament votre amour, ils réclament votre présence et votre sécurité, ils ont besoin que vous leur mettiez des limites, des digues qui les protègent de leurs débordements affectifs. Nous aussi avons besoin d'eux, pour avancer, afin de ne pas rester campés sur nos acquis.

Père Joël Pralong

En chaque adulte sommeille un ado…

Cela fait plusieurs années que l'abbé Joël Pralong visite les classes d'adolescents en compagnie de M. Martin Fendrych, assistant pastoral. Ensemble, ils partagent avec les élèves les notions de confiance en soi, d'amour, d'amitié et du rôle de chacun dans la société.

Les discussions qui naissent de ces rencontres sont toujours enrichissantes et les intervenants extérieurs permettent un échange authentique loin des tabous liés au cadre scolaire. Aussi, l'abbé Joël Pralong sait de quoi il parle quand il parle d'ado et pose les questions de sa… « révolte ». Tout y passe : la maman « gnangnan », le papa « policier », la liberté de s'habiller, la liberté d'aimer, le mariage, la séparation…

Ce qui me surprend toujours dans le dédale des questions des jeunes, c'est l'écho des questions fondamentales classiques : « D'où viens-je ? Qui suis-je ? Où vais-je ? » ! Ces questions-là sont finalement les mêmes qui résonnent chez le papa ou l'enseignant que je suis.

Ado, mais pas idiot s'adresse donc aux ados, bien sûr, mais aussi à leurs parents et aux personnes qui travaillent quotidiennement avec eux, afin de rappeler qu'en chacun de nous sommeille un ado qui, parfois, ne demande qu'à rugir, qu'à partager ses questions et parfois sa révolte.

Ado, mais pas idiot se veut un moyen de dialoguer entre générations et de comprendre par où nous, adultes, sommes passés pour mieux accompagner les ados que nous côtoyons.

Ado, mais pas idiot peut agir comme une sorte de placebo face aux addictions ou aux psychotropes qu'ingurgitent beaucoup de jeunes et... d'adultes – ne l'oublions pas ! Il tente de maîtriser les peurs intérieures grâce au partage des émotions générées par notre propre environnement.

Yvan Fournier
Papa de trois filles en passe de sortir de l'adolescence
Enseignant pour ados

»

Table des matières

Dépôt légal : août 2023 N° imprimeur : 082376270

Imprimé en France par Présence Graphique - Monts.